Eduard Schwan, Dietrich Behrens

Grammatik des Altfranzösischen

Eduard Schwan, Dietrich Behrens

Grammatik des Altfranzösischen

ISBN/EAN: 9783743453456

Hergestellt in Europa, USA, Kanada, Australien, Japan

Cover: Foto ©Andreas Hilbeck / pixelio.de

Manufactured and distributed by brebook publishing software
(www.brebook.com)

Eduard Schwan, Dietrich Behrens

Grammatik des Altfranzösischen

Grammatik

des

Altfranzösischen

von

Dr. Eduard Schwan,

weil. Professor an der Universität zu Jena.

Dritte Auflage,

neu bearbeitet

von

Dr. Dietrich Behrens,

Professor an der Universität zu Giessen.

Teil I.

Die Lautlehre.

Leipzig.

O. R. Reisland.

1896.

Die Neubearbeitung des zweiten Teiles (Formenlehre) befindet sich

Einleitung.

Geschichte der französischen Sprache. Ausdehnung und Gliederung des Sprachgebietes.

§ 1. Die französische Sprache gehört der Gruppe der romanischen Sprachen an, welche sich in den einzelnen Provinzen des römischen Reichs im Munde der romanisierten, mit Römern vermischten einheimischen Bevölkerung aus dem Volkslatein entwickelt haben. Neben den romanisierten Völkern waren für die Umbildung des Volkslateins, wenigstens was den Wortschatz betrifft, bei den meisten romanischen Sprachen auch die Germanen von Einfluß, welche in der Zeit der Völkerwanderung das römische Reich eroberten.

§ 2. 1) Aus der römischen Volkssprache (Umgangssprache, *lingua vulgaris, sermo plebeius*) und nicht aus der durch die klassischen Autoren bekannten Schriftsprache haben sich die romanischen Sprachen entwickelt (vgl. die §§ 16 u. ff.). Beide, Volkssprache und Schriftsprache, sind aus dem archaischen Latein hervorgegangen; die letztere stellt eine ältere, durch die Schrift und den Einfluß von Rhetoren und Grammatikern als Sprache der Gebildeten künstlich erhaltene Stufe der Entwickelung dar.

2) Das in den einzelnen römischen Provinzen gesprochene Volkslatein zeigt hinsichtlich der Grammatik zunächst keine

dialektischen, wohl aber zeitliche Verschiedenheiten, indem dasselbe in die früher romanisierten Provinzen, wie Sardinien und Spanien, auf einer älteren Entwickelungsstufe Eingang fand, als in die später romanisierten, wie das nördliche Gallien, Rätien oder Dacien. Die weitere Entwickelung des vulgären Lateins zu den romanischen Sprachen erfolgte allmählich, so dafs sich „Vulgärlatein" und „Romanisch" lediglich als Benennungen verschiedener Entwickelungsphasen ein und derselben Sprache darstellen. Aus Zweckmäfsigkeitsgründen hält man an jenen in die sprachwissenschaftliche Terminologie seit lange aufgenommenen Bezeichnungen fest und pflegt dem „Vulgärlatein" von dem Zeitpunkte ab die Bezeichnung „Romanisch" gegenüber zu stellen, in welchem jenes in der Entwickelung einen gewissen Grad mundartlicher Divergenz in den einzelnen römischen Kolonialländern erreicht hatte. Dafs die unter dem Ansturm der Germanen erfolgte Auflösung der römischen Reichseinheit und die dadurch bedingte Schöpfung neuer Staatengebilde auf dem Boden des römischen Weltreiches sehr wesentlich dazu beitragen mufste, die sprachliche Differenzierung zu fördern, liegt auf der Hand, und man ist daher wohl berechtigt, die genannten politischen Ereignisse für die Bestimmung der Zeitgrenze, welche Vulgärlateinisch und Romanisch trennt, mafsgebend sein zu lassen.

§ 3. Folgende acht romanische Sprachen lassen sich unterscheiden: Das Sardische, Spanische, Portugiesische, Provenzalische, Französische, Rätoromanische, Rumänische, Italienische. Unter diesen sind besonders nahe verwandt das Spanische, Portugiesische und das Französische, Provenzalische, an welch letztere sich dann die norditalischen Dialekte anschliefsen.

Anm. Bei der hier gegebenen Einteilung und Anordnung der romanischen Sprachen wurde von der Chronologie der mit der Eroberung und Romanisierung der einzelnen aufseritalischen Provinzen erfolgten frühesten Spaltung der römischen Vulgärsprache ausgegangen. Über die zweckmäfsigste Gliederung des romanischen Sprachgebietes gehen die Ansichten noch auseinander. Vgl. die Litteraturangaben im Anhang und § 8 die Anmerkung.

§ 4. Das Französische ist diejenige romanische Sprache, welche sich in dem nördlichen Teil von Gallia transalpina entwickelt hat, der in den Jahren 57—51 v. Chr. von Cäsar erobert wurde. Die besiegten Gallier gehörten zu dem festländischen Zweig des keltischen Volkes und nahmen schnell römische Kultur und Sprache an.

Vom Niederrhein her erfolgte im 5. Jahrhundert eine allmähliche Eroberung und Besiedelung Nordgalliens durch die Franken, welche im Jahre 486 durch die Besiegung des Syagrius für das französische Gebiet ihren Abschlufs fand. Der nördliche Teil dieses Gebietes wurde stärker als der südliche (das Gebiet des Syagrius) von ihnen besiedelt, und das Germanentum in demselben ward durch neue Zuzüge dort länger aufgefrischt. Die fränkische Sprache wurde zwar schliefslich unter dem Einflufs der römischen Kultur und der christlichen Kirche von der galloromanischen verdrängt, doch zeigt sich im Wortschatz und in den nördlichen Dialekten auch in der Lautlehre ihre Einwirkung.

§ 5. Die fremdsprachliche Beimischung des Wortschatzes, der auch aus der Sprache der romanisierten einheimischen Bevölkerung bereichert wurde, trug zunächst dazu bei, der lateinischen Volkssprache in den einzelnen Provinzen des römischen Reiches ein verschiedenartiges Aussehen zu verleihen. Bereits die klassischen Autoren bezeichnen eine Anzahl Worte des „sermo Gallicus" als keltischen Ursprungs. z. B. *alauda* (afrz. *aloe*), *beccu* (afrz. *bec*). *braca* (afrz. *braie*), *keruesia* (frz. *cervoise*), *leuga* (frz. *lieue*). Aus dem Keltischen stammen auch frz *chemin*, *petit* (kelt. *peth*), *vassal* (kelt. *guas*), *maint* (kelt.*mantt), *jambe*. *mègue;* wahrscheinlich *roc, soc, croc* etc. Die Zahl dieser Worte ist, soweit wir darüber heute zu urteilen vermögen, nicht bedeutend. Fraglich ist es, ob und inwieweit auch einzelne Erscheinungen des romanischen Lautwandels (z. B. der Übergang von *u* in *ü*; s. § 70), des Satzbaus etc. auf keltischen Ursprung zurückgehen.

Weit zahlreicher als die keltischen sind die zur Zeit der Völkerwanderung eingedrungenen germanischen Bestandteile des gallischen Volkslateins. Besonders sind es Eigennamen, Namen für Tiere und Pflanzen. Worte, welche

1*

sich auf das Kriegs-, Staats- und Rechtswesen u. dgl. beziehen.
Darunter eine größere Zahl von Verben. Beispiele: *Albarik*
(afrz. *Auberi*), *Gerhard* (afrz. *Gerard*, *Girard*), *Berthari* (afrz.
Bertier), *Waltram* (afrz. *Gauteran*); *haring* (afrz. *harenc*),
sparwari (afrz. *esparvier*, *espervier*); *wald* (afrz. *gualt*); *hapja*
(frz. *hache*), *werra* (frz. *guerre*), *helm* (afrz. *helme*, nfrz. *heaume*).
halsberg (afrz. *halberc*); *alod* (afrz. *alou*, *aleu*), *ban* (afrz. *ban*),
marahskalk (afrz. *mareschal*); *kausjan* (afrz. *choisir*), *werpan*
(afrz. *guerpir*), *warjan* (afr. *guarir*), *hatjan* (afrz. *haïr*). Von
dieser ältesten, aus dem F r ä n k i s c h e n oder auch aus dem
Burgundischen eingedrungenen Schicht germanischer Wörter
sind zu scheiden zahlreiche später aus dem Althochdeutschen,
Altnordischen (vgl. § 6). Altenglischen etc. in das Altfranzösische
aufgenommene germanische Bestandteile. Vgl. § 31.

G r i e c h i s c h e W ö r t e r sind dem Volkslatein in beträcht-
licher Zahl direkt oder durch Vermittelung der lateinischen
Schriftsprache zu sehr verschiedenen Zeiten zugeführt worden.
Über die Chronologie ihrer Aufnahme fehlt zur Zeit noch eine
eingehende Untersuchung. Beispiele s. § 30.

§ 6. Die frühere A u s d e h n u n g d e s f r a n z ö s i s c h e n
S p r a c h g e b i e t e s ist, soweit darüber die namentlich auf
Grund einer Untersuchung der Orts- und Flurnamen gemachten
Erhebungen ein Urteil heute gestatten, trotz mancher im Laufe
der Jahrhunderte eingetretenen Schwankungen von der jetzigen
nicht allzu verschieden gewesen.

Im W e s t e n, von der Gironde bis nördlich hinauf zur
Vilaine, bildet der Ocean die Sprachgrenze. Die Halbinsel
nördlich von der Vilaine-Mündung war im 5. und 6. Jahrhundert dem romanischen Sprachgebiet wieder verloren gegangen, indem von Cornwall aus eingewanderte Inselkelten
ihre Sprache, das B r e t o n i s c h e, dorthin verpflanzten, an
der sie mit großer Zähigkeit festgehalten haben. In der west-
lichen Bretagne bildet noch heute das Bretonische die Muttersprache der Bevölkerung auf einem Gebiet, das sich annähernd
durch eine von der Vilaine-Mündung bis nördlich zur Bucht
von St. Brieuc führende Linie gegen das von Osten allmählich vordringende Französisch abgrenzen läßt.

Im N o r d e n bildet der Kanal die Sprachgrenze. Auch
die politisch seit dem Anfang des 13. Jahrhunderts zu Eng-

land gehörenden Kanalinseln Jersey, Sereq, Guernsey und
Aurigny sind französisches Sprachgebiet. Die im 9. Jahrhundert an der Seine-Mündung erobernd eindringenden Nor-
mannen haben, trotzdem sie in grofser Zahl dauernd das
Land besiedelten und 911 die zu beiden Seiten der Seine-
Mündung sich erstreckende, nach ihnen benannte französische
Provinz von Karl III. zugewiesen erhielten, ihre Muttersprache,
das Dänische, bald aufgegeben. Als sie unter ihrem Herzog
Wilhelm dem Eroberer 1066 England unterwarfen, verpflanzten sie dorthin mit der normannischen Dynastie die
französische Sprache, die über 300 Jahre jenseits des Kanals
der englischen die Herrschaft streitig gemacht hat. — Das
französische Sprachgebiet reicht nördlich am Kanal hinauf bis
Gravelines (Gravelingen). Hier beginnt das Vlämische, das
in den von Ludwig XIV. politisch mit Frankreich vereinigten
flandrischen Gebietsteilen gegenüber dem Französischen an
Terrain verliert und zur Zeit in Frankreich nur noch in den
Arrondissements Dunkirchen und Hazebrook des Departements
du Nord, sowie in einigen Gemeinden des Departements Pas-
de-Calais gesprochen wird. Unweit Menin geht die französisch-
vlämische Sprachgrenze auf belgisches Gebiet über. Sie verläuft annähernd direkt östlich und trifft unweit Eupen die
preufsisch-belgische Landesgrenze, so dafs der ganze südöstliche
Teil des jetzigen Königreichs Belgien dem französischen Sprachgebiet zufällt.

Im Osten folgt heute die Sprachgrenze von dem deutschen
Eupen südwärts annähernd der politischen Grenze Belgiens.
Von der preufsischen Rheinprovinz ist ein kleiner Bezirk,
Malmédy und dessen nächste Umgebung, romanisch. Das
Grofsherzogtum Luxemburg ist nahezu ganz deutsch. Deutsch
ist mit Ausnahme weniger Ortschaften auch der belgische Kreis
Arlon (Arel) im äufsersten Südosten des Königreichs. Von
Longwy südlich verläuft die Sprachgrenze lange auf deutschem
Reichsgebiet, indem Metz und Umgegend, Château-Salins,
Dienze, Lützelhausen, das obere Breuschthal, das Steinthal u. a.
dem romanischen Sprachgebiet zufallen. In der Nähe von
Münster fällt die Sprachgrenze mit der heutigen politischen
Grenze zusammen; beide folgen von hier ab dem Kamm der
Vogesen.

Als südliche Sprachgrenze des Französischen, gegen
das Provenzalische, pflegt man auf Grund einzelner lautlicher
Charakteristica, unter denen die Entwickelung von lateinischem
haupttonigem freien *a* (vgl. § 52 Anm.

2) besonders hervor-
zuheben ist, eine Linie anzunehmen, die, im Westen am
Atlantischen Ocean beginnend, bis Villeneuve (unterhalb Blaye)
ungefähr der Garonne folgt, dann südöstlich gegen Lussac,
hierauf nördlich gegen Angoulême und Mansle sich wendet,
südlich von l'Isle Jourdain die Vienne überschreitet, darauf,
zunächst annähernd mit der Südgrenze der Departements
Vienne und Indre zusammenfallend, östlich bis zur Allier
sich fortsetzt und, nachdem sie diese überschritten, in südöst-
licher Richtung gegen Roanne im Departement Loire verläuft.
Hier beginnt das im Gegensatz zum französischen und provenzalischen gewöhnlich als frankoprovenzalisch (vgl. § 52)
bezeichnete Sprachgebiet, das einen Teil des Departements
Loire, die Departements Rhône, Isère und Ain, ferner
Savoyen, einen Teil der Schweiz und die frühere Freigraf-
schaft einschliefst.

§ 7. Das Französische hat nicht an jedem Ort des Sprach-
gebiets das gleiche Gepräge. Es hat sich vielmehr das Volkslatein in den verschiedenen Teilen des französischen Sprach-
gebiets verschieden entwickelt, und die so entstandenen
Dialekte zeigen von den ältesten Zeiten bis auf die Gegen-
wart eine fortlaufende Entwickelung.

§ 8. Man unterscheidet im grofsen ganzen folgende sieben
Dialekte: Das Normannische, das Pikardische, das
Wallonische, das Lothringische, das Burgundische,
das Poitevinische und das Franzische, welches
letztere im Gebiet von Isle de France gesprochen wurde,
und aus welchem sich die französische Schriftsprache entwickelte. Der franzische Dialekt und die daraus ent-
standene Schriftsprache werden, wenn das Gegenteil nicht
bemerkt ist, in der vorliegenden Grammatik ausschliefslich
berücksichtigt.

Anm. 1. Innerhalb der einzelnen Dialekte lassen sich wieder
Unterdialekte unterscheiden, welche selbst wieder lokale
Verschiedenheiten in sich aufweisen, worauf hier nicht näher
eingegangen werden kann. Überhaupt darf man sich unter den

Dialektgrenzen nicht feste Linien, wie die politischen Grenzen, vorstellen. Die einzelnen Lautveränderungen und Eigentümlichkeiten der Flexion etc. greifen über dieselben hinaus, und es geschieht nur der Übersichtlichkeit wegen, dafs man die sprachlichen Eigentümlichkeiten eines auch politisch zusammengehörigen Gebietes als Dialekt zusammenfafst. Richtiger würde es sein, von Grenzen der einzelnen Sprachveränderungen zu sprechen.

Anm. 2. Das Normannische hat in England (vgl. § 6) im Anglonormannischen noch eine besondere Entwickelung erfahren.

§ 9. Daraus, dafs mit der Thronbesteigung Hugo Capets im Jahre 987 die Königswürde in Westfranken auf die Herzöge von Franzien übergegangen war, erklärt es sich, dafs unter den französischen Mundarten das Franzische eine bevorzugte Stellung erlangt und zur Schriftsprache Frankreichs sich entwickelt hat, deren äufsere Geschichte durch die Festigung und Entfaltung der königlichen Gewalt wesentlich bedingt bleibt.

In dem Gebiet des alten Neustrien hatte sich schon früher eine litterarische Gemeinsprache herausgebildet, welche wesentliche Züge der franzischen Mundart und somit auch der späteren Schriftsprache aufweist.

Anm. Das älteste Zeugnis für das Vorhandensein einer französischen Schriftsprache ist die Klage des Dichters Quesne de Bethune, welcher in der zweiten Hälfte des XII. Jahrhunderts lebte:

La roïne ne fit pas ke courtoise,
qui me reprist, elle et ses fius li rois:
encor ne soit ma parole françoise,
si la puet on bien entendre en françois.
(Bartsch, Chrest. ³ 221, 17.)

§ 10. Die französische Sprache wird durch die Renaissance in zwei nicht scharf zu scheidende Perioden geteilt: das Altfranzösische und das Neufranzösische, welche sich insbesondere durch den Wortschatz, aber auch hinsichtlich der Laut- und Formenlehre und der Syntax unterscheiden, jedoch nicht so, dafs nicht ein allmählicher Übergang stattfände. Ungefähr läfst sich die Periode des Altfranzösischen mit dem

Regierungsantritt König Franz' I. (im Jahre 1515), dem Beginn der französischen Renaissance, abschliefsen.

Anm. Man unterscheidet auch **Altfranzösisch** und **Mittelfranzösisch**, indem man ersteres mit dem Ausgang des XIV. Jahrhunderts oder mit dem Emporkommen der Valois im Jahre 1328 endigen läfst. In der That sind um diese Zeit eine Reihe von Veränderungen auf dem Gebiet der Lautlehre wie der Formenlehre vor sich gegangen, die hierzu berechtigen können. Man bezeichnet dann als Mittelfranzösisch die Sprache bis zum XVII. Jahrhundert. Doch ist die andere Teilung üblicher.

I. Teil.

Lautlehre.

Kap. I.

Vorbemerkungen: Arten des Lautwandels, Erbwort und Lehnwort, Orthographie und Aussprache, phonetische Hülfszeichen.

§ 11. In der nachfolgenden Darstellung der Lautlehre sollen in erster Linie die lautmechanischen Veränderungen in der Entwickelung des altfranzösischen Wortmaterials unter der § 8 angegebenen räumlichen Begrenzung des Sprachgebietes behandelt, die einzelnen Erscheinungen des mechanischen Lautwandels unter bestimmte Lautregeln (Lautgesetze) subsumiert werden.

Anm. Aufschlufs über das Wesen des Lautwandels wie über die Grundfragen des Sprachlebens überhaupt giebt die allgemeine Grammatik (Prinzipienlehre), deren Studium für jeden unerläfslich ist, der zum Verständnis der historischen Entwickelung irgend einer Sprache durchdringen will.

Als Norm gilt, dafs im Bereich des mechanischen Lautwandels sich dieselben Laute unter denselben physiologischen Bedingungen innerhalb bestimmter Zeit- und Raumgrenzen durchaus gleichmäfsig entwickeln. Scheinbare Unregelmäfsigkeiten können sich daraus ergeben, dafs:

1) eine sprachliche Veränderung nicht das Ergebnis lautmechanischer Entwickelung ist, sondern als einer der in § 12

näher zu 'charakterisierenden assoziativen Vorgänge
sich erweist;

2) die im übrigen denselben Entwickelungsbedingungen
unterliegenden gleichen lautlichen Elemente Wörtern angehören,
die zu verschiedenen Zeiten in die Volkssprache aufgenommen worden sind (vgl § 13);

3) die eine Entwickelung einem anderen Dialekt angehört als die andere. So erklären sich in der französischen
Schriftsprache *moins (menus)*, *foin (fenu)* neben *plein (plenu)*,
avoine (avena) neben *veine (vena)* und vielleicht *tiers (tertiu)*,
fierge (ferrea) neben *pert (perdit)*, *perche (pertica)* als Eindring-
linge aus anderen Mundarten;

4) die physiologischen Bedingungen, unter denen die
Umbildung eines Lautes erfolgte, nur infolge mangelhafter
Beobachtung als dieselben erscheinen, in Wirklichkeit aber
verschieden sind. So darf, um nur einen Fall von allgemeinerer
Bedeutung hier zu erwähnen, nicht übersehen werden, dafs
das einzelne Wort nicht als solches, sondern nur im Zusammenhang der gesprochenen Rede lebens- und entwickelungsfähig
ist, und dafs infolgedessen die lautliche Umbildung desselben
je nach seiner Stellung und Verwendung innerhalb des Satz-
gefüges in verschiedener Richtung erfolgen kann. Es ergeben
sich sogenannte Satzdoppelformen, für deren Heraus-
bildung verschiedene Möglichkeiten zu beachten sind:

a) Das Wort behält im Satzgefüge seinen
Accent, oder es wird unbetont, d. h. es ordnet
seinen Accent dem Accent eines mit ihm syn-
taktisch eng verknüpften vorhergehenden oder
folgenden, stärker betonten Wortes unter. Hierauf
ist es z. B. zurückzuführen, dafs die persönlichen Pronomina
me, te, se im Französischen aufser zu *moi, toi, soi* zu (satz-
unbetontem) *me, te, se* geworden sind. Neben satzbetontem
mel (Jon. V. 25) steht unbetontes *mal (malu)* in den Verbindungen *malfaire, maldire* u. a. Auch die Partikel *quare*
hat zwei Formen entwickelt: *car* unbetont und *quer* betont.
Die Präpositionen haben meistens keinen Satzton, weshalb
z. B. vlt. *sene* (cl. *sine*), *en* (cl. *in*), *pro, per, ad* im Frz. als
sen-s, en, pur, par, a statt als *sein-s, ein, preu, pier, e* erscheinen. In proklitischer Stellung sind vlt. *ellu* (cl. *illum*),

ella, elli mit Abfall des anlautenden Vokals zu *lo, la, li* geworden. In Enklise verkürzte Formen repräsentieren altfranz. *nes (ne les), lem (le me), quis (qui se), quem (que me)* etc. Satzunbetonte Entwickelung zeigen weiter die Formen der Hülfszeitwörter: *as* (vlt. *abes*), *a* (vlt. *abet*), *es* (neben *ies*; vlt. *es*), *ere* (neben *iere*; vlt. *era*) u. a.

b) Es kann der Auslaut eines Wortes durch den Anlaut eines im Satzgefüge unmittelbar folgenden, der Anlaut durch den Auslaut eines im Satzgefüge unmittelbar vorhergehenden Wortes beeinflufst werden. Das erstere zeigt sich im Französischen besonders oft und ist z. B. der Fall, wenn *je, le, me, te, se, la, ma* etc. vor vokalischem Anlaut mit Elision ihres Vokals zu *j', l', m', t'. s'* werden, während sie vor konsonantischem Anlaut die vollere Form behalten, oder wenn lat. *quod* im Altfranzösischen vor konsonantischem Anlaut als *que*, vor vokalischem Anlaut mit erhaltenem *d* als *qued* erscheint. Andererseits zeigt sich der Einfluſs des Wortauslautes auf den Anlaut des folgenden Wortes z. B. bei den mit *s* Kons. anlautenden Wörtern. Dieselben erhalten prothetisches *e* (vgl. § 29) zunächst nur nach konsonantisch auslautendem Worte, während dasselbe nach vorhergehendem vokalischen Auslaut sich nicht einstellt So entstehen die Doppelformen: *la spose* (Alex.) neben gewöhnlichem *espose*, *la spede* (Q. L. d. R.) neben üblichem *espede*. Später wurden die häufigeren Formen mit *e* auf Kosten der anderen verallgemeinert (s. § 12).

Anm. Noch näherer Untersuchung bedarf die Frage, ob und inwieweit abweichende Entwickelung eines Lautes durch die Häufigkeit des Gebrauches einzelner Worte bedingt wird. Aus dem häufigen Gebrauch der betreffenden Wortverbindungen oder Wörter hat man u. a. zu erklären versucht die Verkürzung von *arons* zu *ons, avez* zu *ez, aveie* zu *eie* in den Futur- und Kondizionalformen *amer-ons, amer-ez* etc., den Ausfall des *n* in proklitischem *senior* (franz. *sire*), den Abfall des *e* im satzunbetonten *or* neben *ore* ([h]a[e h]ora), den Abfall der ersten Silbe in satzunbetonten *elli, ellos, icil (ecce illi)* etc.

§ 12. Neben dem durch physiologische Faktoren wesentlich bedingten „mechanischen Lautwandel" (gewöhnlich als „Lautwandel" schlechtweg bezeichnet) stehen die dem psychischen

12 —

Gebiet zufallenden assoziativen Lautveränderungen
(Analogiebildungen, Angleichungen). Dieselben kommen dadurch zu stande, dafs in der Vorstellung der Sprechenden die
Erinnerungsbilder der äufseren Form einzelner Wörter mit
den Erinnerungsbildern der äufseren Form bedeutungs-,
funktions- oder lautähnlicher anderer Wörter vermengt und
dementsprechend lautlich reproduziert werden. Beispiele: Vlt.
gręve (cl. *gravem*) wurde beeinflufst durch *lęve* (cl. *lęvem*), mit
dem es den Gewichtsbegriff gemeinsam hat; so erklären sich
vlt. *fręgdu* statt *frigdu* (cl. *frigidum*) nach *ręgdu* (cl. *rigidum*),
afrz. *senęstre* statt *senęstre* (cl. *sinistrum*) nach *dęstre*, vlt. *rendre*
(cl. *reddere*) nach *prendre* (cl. *prehendere*, *prendere*), afrz. *jus*
(vlt. *djosu*, s. § 26) nach *sus* (vlt. *susu*, s. § 26), *disme* (vlt.
dękimu) nach *dis* (*dęke*), vielleicht *soif* (*sęte*) nach *boif* (*bębo*),
espeis espois (*spęssu*) nach *espeissier* (**spęssiare*) und entsprechend zahlreiche andere Fälle, in denen der begriffliche
Zusammenhang der Wörter, meist in Verbindung mit vor-
handener Lautähnlichkeit, die Ursache assoziativer Lautveränderungen wurde. Verschwindend selten sind dem-
gegenüber die Beispiele dafür, dafs blofse Lautähnlichkeit
zur Angleichung geführt hat. Derartige Fälle „rein lautlicher Analogie" liegen z. B. vor, wenn unter dem Einflufs
von *que* — *qued* (*quod*, vgl. § 11, 4 b) auch ein Obliquus *qued*
(für *quem*, *quam*) neben *que*, ferner *sed* vor Vokal neben *se*
(vlt. *se*, cl. *si*), *ned* neben *ne* (*nec*) gebildet worden ist.

2) Wortreihen von ähnlicher Bedeutung, Funktion und
Lautgestalt bieten vor allem die Deklinations- und
Konjugationssysteme der flexiblen Wortarten. Über
die sehr zahlreichen hier begegnenden assoziativen Vorgänge
wird in der Formenlehre gehandelt werden.

3) Um assoziative Vorgänge handelt es sich ferner
bei den der Wortbildungslehre zufallenden Erscheinungen
der (a) Präfix- und (b) Suffixvertauschung. Beispiele:

a) Ein Präfix wird mit einem häufiger gebrauchten vertauscht in Verkennung des ursprünglichen Sinnes: vlt. *allumi-
nare* (afrz. *allumer*) für cl. *illuminare*, vlt. *accordare* (afrz.
accorder) für cl. *concordare*, vlt. *abradicare* neben *exradicare*
(afrz. *arrachier* und seltener *esrachier*), vlt. *abdurare* (afrz.

adurer) für *obdurare*, vlt. *desdegnare* (frz. *desdegnier*) für *dedignari*.

b) Die Endung *-ant* der Part. Präs. der Verba der ersten Konjugation ist bereits in der vorlitterarischen Zeit des Französischen an die Stelle der gleichbedeutenden selteneren Endung *-ent* der Part. Präs. der übrigen Konjugationen getreten, z. B. *plaisant* st. *plaisent (plakente). serjant* st. *serjent (serviente).* Der Endung *-ent* folgten das abgeleitete Nominalsuffix *-ence (-entia).* wofür noch im vorlitterarischen Französisch analogisches *-ance*, und das Gerundivsuffix *-ande (-enda).* wofür *-ande* eintrat, z. B. *contenance* st. *contenance (contenentia). naissance* st. *naissence (nascentia). buvande* st. *buvende (bebenda), viande* st. *viende (vivenda).* Ferner ist *-ement (-amentu)* eingetreten für *-ment (-imentu),* z. B. in *restement: -çour (-atore)* für *-our (-itore)* in *burçour; -çure (-atura)* für *-ure (-itura)* in *vesteure* u. a.; *-one* für *-anu* in vlt. *tabone* (cl. *tabanum).* frz. *taon; -ice* für *-çce* und *-çce (-ice)* in vlt. *berbice.* frz. *brebiz.* vlt. *sorice,* frz. *soriz: -el (-ale)* für *-eil (-ile)* in *cruel: -ier (-ariu)* für *-ir (eriu)* in *mostier* neben *mostir); -imen* für *-enu* in vlt. *venimen* (cl. *venenum*) frz. *venin* u. s. w.

Anm. Von dem Vorgange der Suffixvertauschung pflegt man den der Suffixverwechselung zu unterscheiden, ohne dafs man zu einer durchweg befriedigenden und übereinstimmenden Definition der beiden angenommenen Kategorien des Suffixwechsels gelangt wäre.

4) In das Gebiet der Volksetymologie oder Umdeutung fallen diejenigen assoziativen Lautveränderungen, welche die Folge einer durch Lautähnlichkeit veranlafsten Verkennung (a) der Bedeutung oder (b) der Funktion eines Wortes oder Wortteiles sind. Beispiele: a) afrz. *dimenche* (vlt. *domenica*) nach *di (die), isnelepas* für *eneslepas (en epsu illu passu)* nach *isnel, selonc (secondu)* nach *lonc (longu). cuillier (cokliariu)* nach *cuire (cokere), aguille* nach *aguisier (acutiare);* wahrscheinlich *Pentecyste* statt *Pentecoste* (gr. πεντηκοστή) nach *cyste* (vlt. *costat,* cl. *constat*). — b) Ein Lautkomplex wird als Artikel und Substantiv aufgefafst und demgemäfs umgebildet, z. B. die Lehnwörter afrz. *l'once* (zu gr. λύγξ; ital. *lonza*), *l'azur* (pers. *lasvard*); der Eigenname *La Pouille* statt *l'Apouille (Apulia), ma mie* für *m'amie* und darnach *une mie* zeigen die

— 14 —

Abtrennung des anlautenden Vokals in Verkennung des Artikels (Pronomens). In anderen Fällen verwächst der Artikel mit einem vokalisch anlautenden Wort, indem begrifflich die Vorstellung des Artikels verloren geht, z. B. *le lende-main* für älteres *l'endemain (en de mane), landier* für *l'andier (*amitariu), lierre (edera)* für *l'ierre* (noch Jou. *cedre), l'avertin* für *la vertin (vertigine)*. So namentlich bei Eigennamen: *Lisle* für *L'isle (isla,* cl. *insula), Lendit (endictu), Launoi (Alnetu)* etc. — In diesem Zusammenhang läfst sich auch der als scheinbarer Präfix- resp. Suffixwechsel zu bezeichnende Vorgang erwähnen, wonach der Anfang oder Ausgang eines Wortes irrtümlich als Präfix resp. Suffix gefafst und mit einem wirklichen Präfix oder Suffix vertauscht wird, vgl. z. B. die Lehnwörter vlt. pre*betru* und pro*betru* neben prés*byter* (afrz. *preveire* und *proveire* neben *prestre*), afrz. de*meine* neben do*meine (dominium,* gelehrt), afrz. pro*vende* (lat. prae*benda,* gel.), afrz. con*fanon* neben gon*fanon* (germ. *gunf(i)fano*), de*vant* neben a*vant (ab-ante)* unter Verkennung des Präfixes als *a- (ad)* und Vertauschung dieses verkannten Präfixes mit dem Präfix *de-*; afrz. ent*ier* neben ent*ir (entegru), faldestueil* neben faldest*uel* (germ. *faldastol*).

5) Als auf Kontamination oder Kreuzung beruhende Mischformen lassen sich die Produkte assoziativer Lautveränderungen bezeichnen, wenn aus zwei etymologisch verschiedenen, aber lautlich ähnlichen Wörtern mit gleichem Sinne ein Wort entsteht, z. B. vlt. *guadu* (frz. *gué*) aus *vadu* und germ. *wad-,* vlt. *guastare* aus *vastare* und germ. *wastan,* vlt. *guolpe* aus *volpe* (cl. *vulpem;* frz. *goup-il*) und germ. *wulf,* afrz. *'halt* aus *altu* und frk. **haühs,* afrz. *chascun* aus *quesquun* und *chadun (κατὰ unu).* Ferner vielleicht: afrz. *orteil* aus vlt. *artelu* (cl. *articulum)* und kelt. *ordag-* Daumen. *ericmbre* aus *tremere* und kelt. *cretin-, glaive* aus *gladiu* und kelt. *cladero, doins* aus **dois* und *don (dono),* vlt. *gravula* (afrz. *grolle)* aus *ravu* und *gracula.*

§ 13. Erbwort und Lehnwort. 1) Als Erbwörter bezeichnet man die bei Beginn der Entwickelung des Französischen aus dem Gallolatein bereits in der Sprache vorhandenen, als Lehnwörter alle, sei es aus dem Schriftlatein oder aus fremden Sprachen später in den französischen Wortschatz aufgenommenen Bezeichnungen.

Die hier für das Französische gemachte Scheidung in Erbwörter und Lehnwörter ist natürlich für die weiter zurück-
liegende vulgärlateinische Periode der Sprache ebenso zulässig,
so dafs sich unter den französischen Erbwörtern solche finden,
welche im Volkslatein Lehnwörter waren (vgl. z. B. § 30 f.).

2) Aus dem Lateinischen, welches während des ganzen
Mittelalters die Sprache der Kirche und der Gelehrten (clerici)
war, dessen Kenntnis zu verschiedenen Zeiten, z. B. unter
Karl d. Gr., wieder in weitere Kreise der Gebildeten getragen
wurde und nie ganz erlosch, wurde wiederholt der Wortschatz
der Volkssprache bereichert. So sind z. B. teils in vulgärlateinischer, teils in französischer Zeit der kirchlichen Sprache
entnommen *Jesus, eglise* (volkstüml. *mostier*), *crestiien, diable,
esprit, virgene, miraele, apostre, pitet, humilitet, obedir*: durch
Gelehrte sind z. B. eingeführt *epistre, titre, page (pagina), seel,
termine, ordre, escole, fable, table, image, matiere, mobile, digne,
leal, duc, rustique, aveugle, facile.*

3) Anhaltspunkte für die Bestimmung der Zeit, in der
ein Wort in die Sprache aufgenommen worden ist, bietet die
B e d e u t u n g desselben, wenn mit dem betreffenden Wort der
durch dasselbe bezeichnete Begriff entlehnt wurde, und wenn
auf Grund geschichtlicher Überlieferung feststeht, um welche
Zeit dieser Begriff den Angehörigen der aufnehmenden Sprache
bekannt geworden ist. Auf diese Weise läfst sich z. B. für
einzelne mit dem Christentum eingedrungene Wörter die Zeit
ihrer Aufnahme ungefähr bestimmen.

Wichtiger für die Bestimmung der Chronologie der Aufnahme als die Bedeutung der Wörter ist im allgemeinen
ihre F o r m. Es liegt auf der Hand, dafs die Lehnwörter
einen Lautwandel, der vor ihrer Aufnahme in die Volkssprache
schon abgeschlossen war, nicht mitmachen konnten, dagegen
an denjenigen Lautveränderungen, welche nach ihrer Entlehnung eingetreten sind, so gut wie die Erbwörter partizi-
pieren. So haben von den erwähnten Wörtern *cristianus,
diabolus* die volkslateinische Entwickelung von Hiatus-*i* zu *i*
(§ 22, 3) nicht durchgemacht, können also erst in die Volkssprache gedrungen sein, als jenes Gesetz zu wirken aufgehört
hatte. *Diabolus, fabula* zeigen nicht die Entwickelung der
Gruppe -*abu* zu *au* (vgl. § 19), *obedire* nicht den Ausfall des

nachnebentonigen Vokals (§ 84 ; *apostre, epistre, titre* zeigen abweichende Entwickelung von *tl* (vgl. § 122); die beiden ersten erhalten auch intervokalisches *p* (vgl. § 109). *Jesús, esprit, termine, mobile, facile* verstofsen sogar gegen das Accentgesetz (vgl. § 16). Dahingegen ist in der Weiterentwickelung von *crestien, epistre, escole* das *s* vor Konsonant verstummt, in *obedir* intervokalisches *d* geschwunden (vgl. § 274), womit ein terminus ad quem für ihre Aufnahme in die Volkssprache gegeben ist.

4) Dasselbe lateinische Grundwort ist häufig als Erbwort und als Lehnwort im Französischen vorhanden, z. B. *tabula* als *tole* (vgl. § 19) und *table, causa* als *chose* und *cause, computus* als *contes* und *compoz, mobile* als *mueble* und *mobile, hospitale* als *hostel* und *hospital, dignitate* als *deintie* und *dignite.*

A n m. Es kann auch dasselbe Wort zu verschiedenen Zeiten und demzufolge in verschiedener Gestalt wiederholt als Lehnwort in die Volkssprache eingeführt werden, wie etwa *saeculum* als *siecle, seule* und *regula* als *regle, reule.* In Bezug auf viele Fälle, die man in diese Kategorie gestellt hat, läfst sich indessen schwer mit Sicherheit entscheiden, ob eine durch die Zeit oder den Ort der Entlehnung bedingte Differenzierung der Lautform vorliegt.

§ 14. Orthographie und Aussprache. Die schriftliche Fixierung des Französischen erfolgte seit ältester litterarischer Zeit vermittelst des lateinischen Alphabets.

In der altfranzösischen Zeit, namentlich während der ersten Jahrhunderte, läfst sich das Bestreben erkennen, den lautlichen Veränderungen durch veränderte Schreibung Rechnung zu tragen (phonetische Orthographie). Gleichwohl vermochte die Schrift nicht überall den lautlichen Veränderungen zu folgen, und bereits in den ältesten französischen Sprachdenkmälern finden sich Fälle traditioneller Schreibung (historische Orthographie), die sich mehren, je weiter sich die Sprache von ihrem Ursprung entfernt, und je mehr eine eigentliche Schriftsprache sich herausgebildet hat. Vgl. die Lautlehre § 36 ff. passim. Hier zur vorläufigen Orientierung und zur Veranschaulichung des oben Bemerkten einige Beispiele 1) traditioneller französischer Orthographie bei veränderter Aussprache der verwendeten Lautzeichen; 2) ver-

ä n d e r t e r O r t h o g r a p h i e b e i v e r ä n d e r t e r A u s -
s p r a c h e:

1) c, das vor e, i ursprünglich die velare Tenuis (s.
§ 28, 3) bezeichnet, wird später zur Bezeichnung des aus der
Tenuis hervorgegangenen ts- und -s Lautes *(circ, cent)* beibehalten.

g vor e, i bezeichnet ursprünglich die velare Media,
darauf die palatale Spirans, schliefslich im Französischen den
dž-, später ž-Laut *(gent, gendre;* vgl. § 28, 3).

qu, lat. = kw, bezeichnet später den aus kw entstandenen
k-Laut *(qui, quel, quant;* dafür selten c, z. B. car = qua re). —
gu, ursprünglich = gw (frk. w und lat. gu), wird nach Verlust des labialen Elementes vor e, i zur Bezeichnung des g-Lautes
verwendet *(guerre, langue,* vgl. § 158 ff.). An der Schreibung
qu und gu zur Bezeichnung des k- und g-Lautes vor e, i fest-
zuhalten, empfahl sich um so mehr, als c und g in gleicher
Stellung die Laute ts. dž wiedergaben.

u bezeichnet im Französischen den aus lat. y entstandenen
ü-Laut *(mur, plus, nul;* vgl. § 70).

oi und ai wurden in der Orthographie auch dann fort-
geführt, als die damit ursprünglich bezeichneten Laute in oi̯
(afrz. yá) und e übergegangen waren *(roi, toile, pais, vair).*

2) Nachdem c vor e, i = ts, g vor e, i = dž geworden,
werden sie auch in Fällen, wo sie etymologisch nicht berechtigt
sind, zur Bezeichnung neugebildeter gleicher Laute verwendet,
z. B. g für dž in *rouge (robju),* c für ts in *grace (gratia).*
Andererseits suchte man neue Laute durch eine Kombination
lateinischer Lautzeichen auszudrücken, welche ganz oder annähernd den zu bezeichnenden Lautwerten entsprachen. So
entstanden die Schreibungen ai, ei, so ill *(il)* für mouilliertes
l, ign *(gn)* für mouilliertes n. Als diakritisches Zeichen wird
h nach c verwendet. So dient ch vor e, i zur Bezeichnung
des Lautes k *(chi = qui* Eulalia), vor a zur Bezeichnung von
tš *(š).* In dieser letzten Verwendung ist es im Schriftfranzösischen
gebräuchlich und verallgemeinert worden *(chant, chose, cheval,
chien, sache = sapia).* Oft dauert es lange Zeit, Generationen
oder auch Jahrhunderte, bis eine der veränderten Aussprache
angepafste Schreibweise allgemein zur Anwendung gelangt.
So finden wir, um nur einige in die litterarische Zeit des Alt-

französischen hineinfallende Erscheinungen dieser Art hier anzuführen, isoliertes *t* im sekundären Wortauslaut, unbetonte Vokale vor unmittelbar folgendem hochtonigen Vokal, *s* vor Konsonant in der Schrift vor, nachdem sie die gesprochene Sprache nachweislich längst aufgegeben hatte; so war *l* vor Konsonant phonetisch lange zu *u* geworden, bis dafür allgemein *u* auch geschrieben worden ist. Daneben begegnen in altfranzösischen Handschriften, namentlich der späteren Zeit, Ansätze zu einer phonetischen Schreibung, ohne dafs dieselbe überhaupt zu allgemeinerer Anerkennung gelangt wäre: so, wenn einzelne *e* statt *ai*, *s* (im Inl. *ss*) statt *c* vor *e i*, *an* statt *en* vor Konsonant schreiben, um damit den lautlichen Veränderungen Rechnung zu tragen.

3) Als ein Versuch gelehrter Rückbildung der phonetischen zur historischen Orthographie stellt sich die von Lateinkundigen gepflegte etymologische Schreibweise dar, für die es bereits in der früheren Zeit des Altfranzösischen an Belegen nicht fehlt (z. B. *corps*, *regiel* Eulalia), die aber seit der zweiten Hälfte des 14. Jahrhunderts, mit dem Erwachen der humanistischen Studien, in grofsem Umfange zur Anwendung gelangte. In Annäherung an die Grundworte schreibt man z. B. *congnoistre*, *faict*, *mauddire*, *soubvenir*, *pied*, *soixante*. Analogisch werden solche Schreibungen auf andere Worte übertragen. So schreibt man *craincte* nach *plaincte*, *ung* etwa nach *long* oder in falscher Etymologie *scay* (nach *scio*).

4) Erwähnt seien noch folgende Einzelheiten: *i* und *j*, *u* und *v* werden in altfranzösischen Handschriften promiscue gebraucht; für *-us* begegnet die Schreibung *-x* (dann *-ux*: *diex*, *dieux* = *dieus*). Unbekannt sind den altfranzösischen Schreibern die Cédille, der Apostroph, das heutige Trema, der Bindestrich und die Accente mit Ausnahme des Akuts. Letzterer begegnet in einer Anzahl Handschriften, hier aber nicht in neufranzösischer Weise zur Bezeichnung geschlossener Aussprache des *e*, sondern u. a. als Tonzeichen und Vokaltrennungszeichen.

§ 15. Übersicht der in der nachfolgenden Darstellung der Lautlehre verwendeten phonetischen Hülfszeichen:

Der Hauptton wird durch den Akut, der Nebenton durch
den Gravis bezeichnet *(véritáte)*.

Die Dauer der Vokale wird durch die Zeichen — (Länge)
und ◡ (Kürze) angegeben *(mōbilem, fídem)*.

Zur Unterscheidung der Vokalqualität dienen der
unter den Vokal gesetzte Punkt, um die geschlossene, der
nach rechts offene Haken, um die offene, der nach links offene
Haken, um eine unbestimmte, dumpfe Aussprache zu bezeichnen *(c̦, c̦, ȩ)*.

Nasalvokale werden durch ein übergesetztes ~ bezeichnet
(ã, r̃, ĩ, õ etc.).

i̯, u̯, ü̯ sind Halbvokale.

ü = u in nfrz. *mur*, *u = ou* in nfrz. *tour*.

Jotazierte Konsonanten werden durch einen Akut hinter
denselben bezeichnet *(t́, d́, ś, ŕ* etc.)

Ein Punkt unter einem Konsonanten bedeutet, dafs derselbe im Begriff ist zu verstummen *(t̩, d̩ s̩* etc.).

s, š. þ bezeichnen stimmlose, *z. ž, ð* die entsprechenden
stimmhaften dentalen Spiranten. Es ist:

    s = s in nfrz. *sel*
    š = ch in nfrz. *champ*
    þ = th in neuengl. *thank*
    z = s in nfrz. *maison*
    ž = j in nfrz. *jour*
    ð = th in neuengl. *those*

χ bezeichnet die stimmlose, *y* die stimmhafte palatale
Spirans.

k¹, g¹ y¹ bezeichnen postpalatale. *k², g², y²* mediopalatale
Aussprache von *k, g, y*.

ł, ŋ bezeichnen postpalatales oder velares *l* und *n*.

Ein Sternchen (*) zeigt an, dafs eine Wortform oder ein
Laut nicht belegt ist. — Um anzudeuten, dafs innerhalb eines
Wortes ein Laut oder eine Lautgruppe in romanischer
Zeit verstummt waren, werden die sie bezeichnenden Buch-
staben in runde Klammern eingeschlossen.

Kap. II.

Die wichtigsten Abweichungen des vulgärlateinischen Lautstandes von dem schriftlateinischen.

a) Vokalismus.

§ 16. Der lateinische Accent ist ein wesentlich expira-
torisch-energischer. Derselbe ruht in der Volkssprache im
allgemeinen auf derselben Silbe, wie in der Schriftsprache.
Die wichtigsten Abweichungen volkslateinischer Betonung von
der schriftlateinischen sind folgende:

1) Wörter mit Muta cum Liquida im Anlaut der
letzten Silbe, welche im Schriftlatein infolge kurzer
Paenultima auf der drittletzten Silbe betont sind, haben im
Volkslatein den Hochton auf der vorletzten Silbe. Beispiele:
intégru (cl. *íntĕgrum*), *catédra* (cl. *cáthĕdra*), *colóbra* (s. unten
§ 20; cl. *cólubra*), *tenébras* (cl. *ténebras*).

2) Steht betontes *i* der Antepaenultima im Hiat
mit folgendem *e* oder *o*, so verbindet es sich mit diesen
zu Diphthongen, worauf dann *e, o* infolge der ihnen eigenen
gröfseren Schallfülle den Hochton an sich ziehen. Beispiele:
pariéte (vgl. § 22, 3, Anm.; cl. *pariétem*), *moliére* (cl. *muliĕrem*),
filiólu (cl. *filíolum*), *tenteólu* (cl. *lintéolum*). Dieselbe Entwickelung
zeigen *é-a, ó-a* in den Formen der Possessivpronomina *méa*,
túa, súa, wenn diese satzunbetont sind: vlt. *mĕá, tŏá, sŏá*,
woraus später *ma, ta, sa*.

3) Die Zehnerzahlen betonen, indem das determi-
nierende Element den Ton an sich zieht, die drittletzte Silbe.
Beispiele: *víyinti* (cl. *vigínti*), *tréyinta* (cl. *trigínta*), *quadráyinta*
(cl. *quadragínta*).

4) In vielen anderen Fällen beruht die Abweichung vlt.
Betonung von der schriftlateinischen auf Angleichung. So
wurden die vlt. Infinitive *cadére* (cl. *cádĕre*), *supére* (cl. *sápĕre*)
u. a. den Infinitiven der Verba II. Konjugation angeglichen.
Nach dem Muster von *véndo — véndere* etc. wurde zum Präsens
cóso (cl. *cónsuo*) ein Infinitiv *cósere* (cl. *consúere*), zu *bátto* (cl.
báttuo) etc. ein Infinitiv *báttere* (cl. *battúere*) gebildet. In der

zweiten und dritten Person Plur. Praes. der Verba !II. Konjugation *perdimus*, *perditis* etc. (cl. *pérdimus*, *pérditis*) ist der
Accent unter dem Einfluſs der entsprechenden Formen der
Verba I.. II. und IV. Konjugation (*amámus*, *amátis* etc.) von
der drittletzten Silbe auf die vorletzte gerückt worden. Vgl.
die Formenlehre.

Anm. Nicht eigentlich um eine Verlegung des Accentes,
sondern um die Bildung neuer Komposita von einem nach Laut
und Betonung unveränderten Simplex aus (Rekomposition)
handelt es sich, wenn vlt. *reténet*, *conrénit*, *implicat*. *displíket* etc.
an die Stelle von cl. *rétinet*, *cónvenit*, *implicat*, *displicet* etc.
treten.

§ 17. Quantität und Qualität. Ursprüngliche
Unterschiede der Dauer (Quantität) im Vokalismus des
älteren Lateins wirken auf den Klang (Qualität) der Vokale
in der Weise ein, daſs allmählich mit Ausnahme von *a* alle
betonten langen Vokale geschlossene, alle betonten
kurzen Vokale offene Aussprache annehmen. Also:

I. ī ĭ ē ĕ ā ă ŏ ō ŭ ū,
z. B. *trctum* *lectus*.

II. ī ĭ ẹ ę ā ă ǫ ǫ ụ ū.
z. B. *trctum* *lectus*.

Über die unter II. angedeutete Entwickelungsstufe geht
die Volkssprache insofern hinaus, als in ihr die Vokalqualität
nicht mehr durch die Fortdauer jener alten Unterschiede der
Vokalquantität bedingt bleibt (s. § 35). — Von den weiteren
Veränderungen im vlt. Vokalismus, welche der Sonderentwickelung des französischen Sprachzweiges vorausliegen,
sollen im folgenden nur die bemerkenswertesten hervorgehoben werden.

§ 18. Nach dem übereinstimmenden Zeugnis der Inschriften und der romanischen Sprachentwickelung reichen in
eine sehr frühe Zeit hinauf:
a) der Übergang von vlt. *i* in *e*: *mettere* (cl. *mittere*), *fede*
(cl. *fidem*), *bebere* (cl. *bibere*), *verga* (cl. *virga*), *pelu* (cl. *pilum*),
en (cl. *in*), *vertute* (cl. *virtutem*);
b) der Übergang von *u* in *o*: *sopra* (cl. *supra*), *croke*
(cl. *crucem*), *dobitare* (cl. *dubitare*), *somma* (cl. *summa*), *ponctu*
(cl. *punctum*);

c) die Monophthongierung der Diphthonge *ae* und *oe*
zu *ę, ę: pęna* (cl. *poena*), *fęnu* (cl. *foenum*); *kuęro* (cl. *quaero*).
lętus (cl. *laetus*), *kęlu* (cl. *caelum*), *kęcu* (cl. *caecum*).
A n m. Der frühere Diphthong *ae* zeigt ein noch nicht erklärtes
Schwanken, welches auch die lateinischen Grammatiker bezeugen.
Meist entspricht ihm *ę*, wie in den genannten Beispielen. Daneben
begegnet vlt. *ę*, z. B. in *pracda — pręda* (afrz. *preie, proie*).
saepes — sępes und schon cl. *cępa* neben *caepa*.

§ 19. Neben *au* = schriftlat. *au* kennt die Vulgärsprache
neues *au* aus *avi* Kons., *abu* Kons., z. B. *auca* (aus **avica*),
*aucellu (*avicellum), amaut (amavit), taula (tabula), paraula
(parabula,* gr. Lehnwort).
A n m. Unbetontes *au* im Wortanlaut ist im Vlt. zu *a* geworden vor betontem *u, o* der folgenden Silbe: *agostu* (cl. *augustum*),
agurin (cl. *augurium*), *ascolto* (cl. *ausculto*). — Schriftlateinischem
cauda entspricht vlt. *coda*, dessen *o* im altlateinischen Lautstande
begründet ist.

§ 20. V o r L a b i a l entspricht unter im einzelnen noch
nicht bekannten Bedingungen in einer Reihe von Fällen betontem schriftlateinischen *ō, ŏ* vlt. *o* für zu erwartendes *o*, z. B.
vlt. *ovu* (cl. *ōvum*), *colóbra* (cl. *cŏlubra*: vgl. § 16), *copru* (zu
gr. *Kṵαϱος;* cl. *cuprum*), in geringerer Verbreitung: *jovne*
(cl. *juvenem*), *plovia* (cl. *plŭvia*) u. a. neben *robur, lopa* (cl.
lŭpa), *robia* (cl. *rŭbea*). — Vlt. *noptias* (cl. *nŭptias*) steht unter
dem Einfluss von *novus (novius, novia*).

§ 21. Bei P r o p a r o x y t o n i s wird in mehreren Fällen
der erste der beiden nachtonigen Vokale, wie schon teilweise im
klassischen Latein, ausgestofsen, ein Vorgang, der durch Inschriften und den Gebrauch der Dichter für frühe Zeit ge-
sichert ist. Gemeinromanisch, daher vorromanisch, hat diese
Synkope statt zwischen *l-p, l-d, l-t, l-m, r-d, r-m, s-t*. Beispiele:
colpus (cl. *colaphus*), *caldus* (cl. *calidus*), *soldus* (cl. *solidus*).
falta (cl. *fallita*), *calmus* (cl. *calamus*), *verde* (cl. *viridem*), *lardus*
(cl. *laridus*), *lordus* (cl. *luridus*), *ermus* (cl. *eremus*, gr. *ἔϱημος*).
postus (cl. *positus*). Ferner *fregdu* (cl. *frigidum*), *regdu* (cl.
rigidum).

A n m. In Bezug auf vlt. *domnus, lamna* neben schriftlat.
dominus, lamina ist es zweifelhaft, ob sie durch spätere Synkope
entstanden sind oder einen älteren, ursprünglicheren Lautstand
als ihre schriftlateinischen Entsprechungen repräsentieren. Letzteres
ist wahrscheinlich der Fall bei vlt. *macla, gobernacla, copla* und

zahlreichen anderen Wörtern mit der Lautfolge $\,^{z}$ Kons. l —, denen durch Svarabhakti gelängte schriftlat. *macula, gubernaculum, copula* etc. zur Seite stehen.

§ 22. Über das Verhalten der vulgärlateinischen Vokale im Hiat ist zu bemerken:

1) Der Tonvokal wird mit unmittelbar folgendem *i* oder *u* zu einem Diphthongen verschmolzen. Beispiele: *cui, fui, tui, illui* (cl. *illi*), *amai* (cl. *ama(v)i*), *deu* (cl. *deum*), *meus* (cl. *meus*). Derartige Formen zeigen sich auch bei klassischen Dichtern und regelmäfsig in volkstümlichen Spottversen.

2) Zwei gleiche, im Hiat zusammenstehende oder zusammentreffende Vokale werden kontrahiert. Der Kontraktionsvokal ist geschlossen (lang), z. B. *prendre* (cl. *prehendere* und schon *prendere*, vgl. § 23), *corte* (cl. *cohortem*); *coprire* (cl. *cooperire*), *coperclu* (cl. *cooperculum*), *copertu* (cl. *coopertum*).

Anm. *o* in *coperit* (cl. *cooperit*) erklärt sich nach § 20.

3) Unbetonte *i* oder *e* vor unmittelbar folgendem Vokal werden zum Halbvokal *i* und verlieren damit den Silbenwert. Keinen Unterschied macht es dabei, ob in der Verbindung *i, e* + Vokal letzterer den Ton trägt, oder beide Elemente tonlos sind. Auch die nach § 16, 2 erst vulgärlateinischen Verbindungen *ié, eá* für ältere *ie, ea* erfahren die gleiche Behandlung. Beispiele: *ratióne* (cl. *rationem*), *fakiamus* (cl. *faciamus*), *potióne* (cl. *potionem*), *messióne* (cl. *messionem*); *muliére* (s. § 16), *filióla* (s. ib.); *fakio* (cl. *facio*), *filius* (cl. *filius*), *folia* (cl. *folia*), *vinia* (cl. *vinea*), *miá* (s. § 16).

Anm. Die Zeit des Eintritts der Jotazierung von Hiat-*i*, *-e* war durch die Beschaffenheit des dem *i, e* vorausgehenden Konsonanten bedingt. Z. T. reicht die Entwickelung zu *i* weit zurück, während sie in einzelnen Fällen erst dem Sonderleben der romanischen Sprachen angehört und hier nach bestimmten Konsonanten wohl auch ganz unterblieben ist. Zum Französischen s. unten § 195 ff. *Di* hat noch in vlt. Zeit *y* ergeben. Ferner ist zu bemerken, dafs *i* in vlt. Zeit geschwunden ist vor *e*, z. B. *parete* (aus *pariete*, s. § 16), *kuetu* (cl. *quietum*) und in den satzunbetonten Formen des Possessivums *ma, mas* etc.

4) Unbetontes *u* vor unmittelbar folgendem Vokal wird zum Halbvokal *u*. Beispiele: *anuale* (cl. *annualem*), *Jenuariu* (cl. *Januarium*); — *redua* (cl. *ridua*), *abui* (cl. *habui*). Unter

bestimmten Bedingungen, so namentlich nach mehrfacher Konsonanz, schwindet u, z. B. *mortu* (cl. *mortuum*), *febrariu* (cl. *februarium*). *rictalia* (cl. *victualia*). ferner nach Doppelkonsonanz in *batto* (cl. *battuo*), *battalia*, *kwattor* (cl. *quattuor*). Geschwunden ist u auch in den satzunbetonten Formen der Possessivpronomina: *sos* (cl. *suus*), *su* (cl. *sua*), *sos* (cl. *tuus*). *ta* (cl. *tua*), *tus* (cl. *tuas*). Vgl. § 16, 2.

Anm. Die frühe Konsonantierung des Hiatus-i, -e und -u wird auch durch den Gebrauch der Dichter bezeugt, welche Hiatus-i, -e und -u nicht als Silbe zählen. Der besprochene Ausfall des Hiatus-u ist durch Inschriften und Zeugnisse der Grammatiker belegt. Nach anderer Annahme ist in *batto* = *batuo, *quattor* = *quatuor die Doppelkonsonanz erst aus tu entstanden.

5) Die von den klassischlateinischen Dichtern befolgte Regel über die Quantität betonter Hiatvokale: vocalis ante vocalem brevis est läfst sich einer Bestimmung der Qualität vulgärlateinischer Vokale im Hiat nicht zu Grunde legen. Daher z. B. vlt. *die*, *fui*, *grue* trotz cl. *diem*, *fui*, *gruem*.

b) Konsonantismus.

§ 23. *H* ist in der Vulgärsprache noch früher als in der Schriftsprache vollständig geschwunden. Man sprach *cors*, *prendere*, *onore*, *abio*, *oste*, *omo* für ältere *cohors* (s. § 22), *prehendere* (s. § 22), *honorem*, *habeo*, *hostem*, *homo*.

§ 24. Auslautendes *m* hinter unbetontem Vokal ist, wie bereits die altlateinische Versbildung und die ältesten Inschriften erkennen lassen, sehr früh verstummt. Beispiele: *onore*, *pake*, *patre*, *anima*, *ala*, *donna* statt cl. *honorem*, *pacem*, *patrem*, *animam*, *alam*, *dominam*.

Anm. Hinter betontem Vokal ist *m* geblieben: *rem* (frz. *rien*). So auch in *som* (cl. *sum*), *quem*, *jam*, wenn diese Wörter satzbetont waren, während sie an satzunbetonter Stelle zu *so*, *que*, *ja* geworden sind.

§ 25. Ebenfalls sehr alt ist der Ausfall des *n* vor *s*, vor welcher Gruppe kurze Vokale gelängt wurden und dann geschlossene Aussprache annahmen. Beispiele: *mese* (cl. *mensem*), *isposu* (cl. *sponsum*), *presi* (für *prensi* — *prehensi*), *tras* (cl. *trans*), *masi* (cl. *mansi*); *pesare* (cl. *pensare*), *costare* (cl. *con-*

stare). *masione* (cl. *mansionem*), *mostrare* (cl. *monstrare*), *mesura* (cl. *mensura*).

Anm. Die geschlossene (lange) Aussprache des Vokals erklärt sich durch vorhergehende Nasalierung, die dann nach Ausfall des *n* vor dem oralen Konsonanten geschwunden ist.

§ 26. *rs* wird, soweit es auf älteres *rss* zurückgeht, zu *ss, s.* Beispiele: *susu* (cl. *sursum*). *diosu* (*deorsum*), *extrosu* (cl. *extrorsum*), *dossu* (cl. *dorsum*).

§ 27. Für *tl. dl* ist *kl, gl* eingetreten. Beispiele: *retlu* (aus *retlu*; cl. *retulum*), *secla* (cl. *situla*); *ascla* (aus *astla*, *assla*; cl. *assula* und *astula*): *ragla* neben *radla* (cl. *radula*) u. a.

§ 28. Zu den Gaumenlauten ist zu bemerken:

1) Für anlautende *c* und *cr* ist in mehreren Fällen *g, gr* eingetreten, wofür eine völlig befriedigende Erklärung noch nicht gefunden ist. Beispiele: *gariola* (zu *carea*), *grassu* (cl. *crassum*), *graticla* (cl. *craticula*), *gamba* neben *camba* (kelt. *camb-*); dieselbe Erscheinung namentlich auch in Wörtern griechischen Ursprungs wie *gambara* (gr. χάμμαρος: cl.-lat. *cammarus*), *gropta* neben *cropta* (gr. χρύπτη; *crypta*, *garofulu* (gr. χαρυόφυλλον; cl.-lat. *caryophyllon*).

2) Auf Dissimilation beruht *k* für *kw* in *kinkwe* (cl. *quinque*), *kinkwaginta* (cl *quinquaginta*), auf Assimilation vielleicht in *cokere* (cl. *coquere*), *cokina* (cl. *coquina*).

3) Den Beginn der Palatalisierung bezw. Sibilierung der velaren Tenues *k* und *g* vor silbigem *e, i* ist man auf Grund der Entwickelung dieser Laute in den romanischen Sprachen versucht bis etwa in die Zeit der Kolonisierung Sardiniens hinaufzurücken. *k, g* wurden über k^2, g^2 zu ky^2, gy^2 (d. i. k^2, g^2 mit frikativem Ansatz) verschoben: ky^2era (cl. *cera*), ky^2entu (cl. *centum*). $paky^2e$ (cl. *pacem*). Noch in vulgärlateinischer Zeit ist gy^2 zu y^2 geworden: y^2ente (cl. *gentem*) etc.

Auf andere Lautübergänge, deren Eintritt der Consensus der romanischen Sprachen in vorromanische Zeit zurückzudatieren nahelegt, ohne dafs in anderen Zeugnissen eine ausreichende Bestätigung hierfür noch gefunden wäre, soll hier nicht eingegangen werden. Erwähnt sei noch:

§ 29. Der Vorschlag von *i* vor *s* + Konsonant. Zur Erleichterung der Aussprache von *s* vor Konsonant hat

sich schon in einer frühen Zeit des Volkslateins ein *i* (*e*) dem
Sibilant vorgeschoben, wenn das vorhergehende Wort konsonantisch endigte (s. § 11, 4 b). Man sprach *isposu*, dann *esposu*
cl. *sponsum*). *espina* (cl. *spina*), *espata* (cl. *spatham*), *estare* (cl.
stare), *estatu* (cl. *statum*).

A n m. Auf Inschriften läfst sich dieser Vorschlag eines *i*
erst im 2. Jahrhundert n. Chr. nachweisen; die Übereinstimmung
aller romanischen Sprachen läfst es aber wahrscheinlich erscheinen,
dafs wir es mit einem lautlichen Vorgang zu thun haben, dessen
Anfänge in eine frühere Zeit hinaufreichen. Bei der Verwandt-
schaft von *s* mit dem Laut *i* ist es begreiflich, weshalb die Schrift
diesen Hülfslaut so spät fixierte.

Zur Lautlehre der
in die Volkssprache eingedrungenen griechischen
und germanischen Lehnworte.

§ 30. Die im Volkslatein vorhandenen W ö r t e r g r i e c h i -
s c h e n U r s p r u n g s (vgl. § 5) zeigen in mehreren Fällen
Lautverhältnisse, die dem schriftlateinischen Lautstand dieser
Wörter nicht entsprechen. Es seien hier die folgenden Abweichungen als die wichtigsten hervorgehoben:

1) *ι*, erscheint in der lateinischen Vulgärsprache einigemal seinem ursprünglichen Lautwerte entsprechend als *e*, z. B.
ecclesia (*ἐκκλησία*). In Wörtern späteren Imports begegnet es
mit seinem spätgriechischen Lautwert *i*, z. B. *lapitia* (*ταπίτιον*).
Pergaminu (*Περγαμηνός*).

2) *v* wird in weiterem Umfange als in der Schriftsprache
als *u* — *o* wiedergegeben, z. T. *boxida* (*πυξίς*: cl.-lat. *pyxis*),
cropta (*κρύπτη*; cl.-lat. *crypta*). *torsus* (*θύρσος*; cl.-lat. *thyrsus*).
Daneben stehen jüngere, z. T. durch die lateinische Schriftsprache vermittelte Entlehnungen mit *i* und *i* — *e*, z. B. *girus*
(cl.-lat. *gyrus*: *γῦρος*), *ecinus* (zu cl.-lat. *cycnus*, gr. *κύκνος*).

3) Die griechischen Aspiraten *φ* (= p + h), *θ* (= t + h),
χ (= k + h) werden in der Volkssprache wie in altlateinischer
Zeit durch die einfachen, nicht aspirierten Tenues *p. t, k* ersetzt,
während die Schriftsprache, wie dies auch die Schreibung mit
ph, th, ch erkennen läfst, der griechischen Aussprache mehr
Rechnung zu tragen suchte. Beispiele: *colpu* (gr. *κόλαφος*;
cl.-lat. *colaphus*), **pantasiare* (zu gr. *φαντασία*; cl. *phantasia*):

espata (gr. σπάϑη; cl. *spatha*); *brakiu* (gr. βϱαχίων; cl. *brachium*), *cresma* (gr. χϱῖσμα; cl.-lat. *chrisma*), *carta* (gr. χάϱτη; cl.-lat. *charta*). Auf spätgriechischer Aussprache beruht *f* in vlt. *orfanu* (gr ὀϱφανός, cl.-lat. *orphanus*) u. a.

4) ꝫ wird in frühen Entlehnungen als *ss*, später als *di, y* herübergenommen. z. B. *dielosu* (zu ꝫῆλος; cl.-lat. *zelus*). *baptidiare* (βαπτίꝫειν).

§ 31. Die germanischen Laute (vgl. § 5), welche auch im Gallolatein vorkommen, bleiben; die übrigen werden durch verwandte Laute ersetzt.

a) Vokalismus.

1) frk. *a* = vlt. *a*, z. B. **fanja* — vlt. *fanya* (afrz. *fange*), frk. **warjan* — vlt. *guarire* (afrz. *guarir*), frk. **alina* - vlt. *alna* (afrz. *alne*, *aune*). frk. **brasa* — vlt. *brasa* (afrz. *brese*).

2) frk. *é* = vlt. *e*, z. B. frk. **red* (ahd. *rât*) — vlt. *arredu* (afr. *arrei*).

3) frk. *i* =. vlt. *e* (wie cl. *i*, s. § 18). z. B. frk. **spit* (ahd. *spiꝫ*) — vlt. *espetu* (afrz. *espeit, espoit*), frk. **hilt* (ahd. *helza*) — vlt. *heltu* (afrz. *helt, heut*).

4) frk. *é* =. vlt. *e*, z. B. frk. *medu* — vlt. *medu* (afrz. *miez*), frk. **beran* — vlt. *bera* (Subst.: afrz. *biere*), frk. **brekan* — vlt. *brecare* (afrz. *breiier, broiier*), frk. **halsberg* — vlt. *halbergu* (afrz. *halbere, haubere*), frk. *werra* — vlt. *guerra* frz. *guerre*).

5) frk. *i* = vlt. *i*, z. B. frk. **Albarie* — vlt. *Albarieu* (frz. *Auberi*), frk. *Wido* — vlt. *Guidu* (afrz. *Gui*), frk. **wisa* — vlt. *guisa* (afrz. *guise*), frk. **iwa* (ahd. *iwa*) — vlt. *iru* (frz. *if*).

6) frk. *o* und *ô* (*ǫ*?) = vlt. *o*, z. B. frk. **hosa* — vlt. *hosa* (afrz. *huese*), frk. *Markbodo* — vlt. *Marchodu* (afrz. *Marbue*). frk. **faldastôl* — vlt. *faldastolu* (afrz. *faldestuel*), frk. **fodr* — vlt. *fodru* (afrz. *fuerre*), frk. **urgoli* — vlt. *orgoliu* (afrz. *orgueil*).

7) frk. *u* = vlt. *o* (wie cl. *u*, s. § 18), z. B. frk. **hurdi* — vlt. *horda* (afrz. *horde*), frk. **bukk* — vlt. *bocca* (afrz. *buc*), frk. *Widburg* — vlt. *Guidborgu* (afrz. *Guibore*), frk. **furbjan* — vlt. *forbire* (afrz. *furbir*), frk. *Ludhari* — vlt. *Lodarius* (afrz. *Lohiers*).

8) frk. *ii* = vlt. *u*, z. B. frk. *brûn* — vlt. *brunu* (afrz.
brün), frk. *drûd* — vlt. *drudu* (afrz. drü), frk. *brûd* — vlt.
brudu (afrz. brü).

9) frk. *ai* = vlt. *a*, z. B. frk. *haisti* — vlt. *hasta* (afrz.
haste), frk. *aibhor* — vlt. *affru* (frz. *afre*). frk. *waidanjan* —
vlt. *guadanyare* (afrz. *gaaignier*). frz. *haim* — vlt. *hamu* (frz.
ham, hamel).

10) frk. *au* = vlt. *au* z. B. frk. *kausjan* — vlt. *causyire*
(frz. *choisir*), frk. *haunipa* (ahd. *hônida*) — vlt. *haunita* (frz.
honte), frk. *laubja* — vlt. *laubya* (frz. *loge*).

11) frk. *eu* = vlt. *eo* (zweisilbig), z. B. frk. *Theudoríc* —
vlt. *Theodoricu* (afrz. *Tierri*), frk. *speut* — vlt. *espçotu*
(afrz. *espiet*), frk. *streupa* — vlt. *estrçopu* (afrz. *estrieu*), frk.
peudisk — vlt. *tçodescu* (afrz. *tieis, tiois*), frk. *Leudgari* —
vlt. *Lçodgarius* (afrz. *Legiers*).

b) Konsonantismus.

1) frk. *p* = vlt. *t*, z. B. frk. *parrjan* — vlt. *tarrire* (afrz.
tarir), frk. *priskan* — vlt. *trescare* (afrz. *treschier*), frk. *haunipa*
— vlt. *haunita* (afrz. *honte*).

2) frk. *bh* = vlt. *v*, z. B. frk. *hûbha* — vlt. *huva* (afrz.
hûve), frk. *rîbhan* — vlt. *rivare* (afrz. *river*), frk. *Ebhurhard* —
vlt. *Eeurhardu* (afrz. *Evrart*).

3) frk. *w* (bilabial) im Anlaut = vlt. *gu*, z. B. frk. *warda* —
vlt. *guarda* (afrz. *guarde*), frk. *warôn* — vlt. *guarare* (afrz.
garer), frk. *warnjan* — vlt. *guarnire* (afrz. *garnir*). Im
Inlaut und Auslaut = *v*, z. B. frk. *falw* — vlt. *falva* (afrz.
falve, faure), frk. *iw* — vlt. *ivu* (afrz. *if*).

4) frk. *χ* (geschr. *h*) = vlt. *k* (χ?), z. B. frk. *wahta* —
vlt. *guacta* (afrz. *guaite, gaite*), frk. *skarwahta* — vlt. *escár-
guacta* (afrz. *eschargaite*), frk. *faihida* — vlt. *fakida* (afrz.
faide; nur aus Palatal + *d* erklärt sich die Erhaltung des
intervokalen *d*).

5) frk. *χl, χr* in älteren Worten = vlt. *cl, *cr*, z. B. frk.
Hlûpawig — vlt. *Clotavigus* (afrz. *Clöevis, Clovis*) oder = *fl*,
fr. z. B. *Hlupawing* — vlt. *Flotawengu* (afrz. *Floorent*) oder
in späteren Worten = vlt. *l, r*. z. B. frk. *Chlodowig* — vlt.
Lodovicus (afrz. *Loöis*).

6) frk. 'h (spiritus asper) = vlt. h (spiritus lenis), z. B.
frk. *'halsberg — vlt. halbergu (afrz. halberc, hauberc), frk.
*'happja — vlt. hapya (afrz. hache), frk. *'herda — vlt. herda
(afrz. herde), frk. *'haga — vlt. haga (afrz. haie), frk. *'hanka —
vlt. hanca (afrz. hanche); frk. *jëhan — vlt. jehire (afrz.
jehir).

Hinsichtlich der Betonung folgen die germanischen Lehnworte dem vulgärlateinischen Gesetz, d. h. den Ton auf der
ersten Silbe behalten nur solche zwei- und dreisilbige Worte,
deren letzte Silbe ein Kasussuffix war, z. B. balco — balc,
und dreisilbige, wenn deren vorletzte Silbe kurz war, wie
alina — alne. Worte, die mit einem auf mehrfache Konsonanz
ausgehenden Suffix gebildet sind, haben den Ton auf dem
Suffix, z. B. hâring — afrz. harēne.

Kap. III.

Die vulgärlateinischen Laute und ihre Umbildung in das Altfranzösische.

Es soll die lautliche Entwickelung bis etwa 1100 dar-
gelegt werden. Man kann diese erste Periode als die vor-
litterarische der französchen Mundart bezeichnen. Was wir
darüber wissen, beruht auf Rückschlüssen aus dem Lautstand
der späteren, litterarischen Zeit des Französchen und auf
Analogieschlüssen aus der Entwickelung der Laute in einer
kleinen Anzahl älterer, auf uns gekommener Denkmäler in
anderen Mundarten.

I. Vokalismus.

§ 32. Accent. Die Entwickelung der Vokale vollzieht
sich in erster Linie unter dem Einfluss des Accentes. Mit
Rücksicht auf die Accentstärke sind Haupttonvokale (auch
als Hochtonvokale oder kurz als Tonvokale bezeichnet). Neben-
tonvokale (s. § 81) und tonlose Vokale, mit Rücksicht
auf die Stellung eines Vokals zum (Haupt-)Tonvokal, Nachtonvokale und Vortonvokale zu unterscheiden.

§ 33. Offene und geschlossene Silben. Die
Vokale haben ferner meist eine verschiedene Entwickelung,

je nachdem sie (1) in offener, d. h. vokalisch auslautender,
oder (2) in geschlossener, d. h. konsonantisch auslautender
Silbe stehen. Die Vokale in offener Silbe heifsen frei *(libres)*,
diejenigen in geschlossener Silbe gedeckt *(entravées)*.

1) Freie Vokale stehen: a) im unmittelbaren
Wortauslaut: *me, te, tu;* b) vor silbeanlautendem
Vokal: *me-a, re-a* (cl. *via*); c) vor einfachen inlautenden Konsonanten: *ta-le, ma-nu, o-ra, me-se* (cl. *mense, s.
§ 25), re-la, vi-nu, du-ra-re, ca-ballu*; d) vor Muta cum
Liquida: *pa-tre, la-bra, ca-pra, cnt̥-gra, ve̩-tru* (cl. *vitrum*).
la-trone, no̩-trire.

2) Gedeckt sind im wesentlichen alle Vokale, auf welche
eine andere Konsonantengruppe als Muta cum
Liquida folgt: *por-ta, par-te, al-tu, os-te, fac-tu, te̩c-tu, rop-ta,
cam-pu, trak-si (traxi), lak-sat (laxat), seks (sex): cas-tellu,
lak-sare, ve̩r-tute;* auch Doppelkonsonanz macht die
vorhergehende Silbe geschlossen: *val-le, me̩t-tat, gras-su, se̩c-ca,
boc-ea, cap-pa.*

3) Steht ein Vokal vor einfachem wortauslauten-
den Konsonanten, so ist derselbe gedeckt, wenn das be-
treffende Wort in Pausa oder vor konsonantisch anlautendem
Worte; frei, wenn dasselbe vor vokalisch anlautendem Worte
sich befindet, z. B. *tres* Kons. Pausa, *tre-s* Vok.; *mel* Kons. Pausa,
me-l Vok.; *cor* Kons. Pausa, *co-r* Vok.; *ámat* Kons. Pausa, *áma-t* Vok.

Anm. Ursprünglich geschlossene Silben können im Laufe
der sprachlichen Entwickelung offen, ursprünglich offene Silben
geschlossen werden. So ist das erste *e* in cl. *men-se* gedeckt, in
vlt. *me-se* (s. § 25) frei; *o* in vlt. *nok-te, cok-sa* ist gedeckt, dasjenige in romanisch *no̩'te, co̩'sse* frei. Umgekehrt entsprechen cl.
a-sinum, ca-lidum, vi-ridem etc. vulgärlateinische (s. § 21) *as-nu,
cal-du, ve̩r-de* etc., älterem *co-mite, cá-mera, no̩-meru* etc. jüngere
con-te, cham-bre, nom-bre etc. Wenn im folgenden von freien und
gedeckten Vokalen oder von offenen und geschlossenen Silben
schlechtweg die Rede ist, so ist stets der vulgärlateinische
Lautstand gemeint, während unter sekundär freien oder gedeckten
Vokalen und sekundär offenen oder geschlossenen Silben eine
jüngere romanische Entwickelung zu verstehen ist.

§ 34. Konnexive Entwickelung der Vokale.
Auf den Lautwandel der Vokale ist auch die Natur der
umgebenden Laute (Konsonanten und Vokale) von Einflufs. So war bereits im Volkslatein vor folgendem Labial

ọ zu ọ geworden (s. § 20), werden im Französischen orale
Vokale vor folgenden nasalen Konsonanten zu Nasal-
vokalen (s. § 35, 5). werden a und ẹ durch vorhergehenden
Palatal beeinflufst (s. § 52, 53 u. 39), scheint vortoniges ẹ
unter dem gleichzeitigen Einflufs vorhergehender und
folgender labialer Konsonanten in ü überzugehen (s.
§ 88 Anm.). Durch folgenden Vokal (verschiedener
Provenienz) werden Vokale in ihrer Entwickelung namentlich
insofern beeinflufst, als sie mit i und u diphthongische und
triphthongische Verbindungen eingehen und in diesen eine
von der gewöhnlichen abweichende Umbildung erfahren. z. B.
*laissier (laxare) — lẹissier — lẹssier, nọit (nocte) — *nuoit,
*nueit — nüit. Vgl. § 56, 62 etc.

A. Die Haupttonvokale.

§ 35. Übersicht über die Entwickelung. Aus
dem Vulgärlatein hat das Französische die haupttonigen einfachen Vokale

ị ẹ ẹ a ọ o ụ

nebst einigen Diphthongen (au und vereinzelt ẹu, ui, ai) überkommen. Vgl. § 17 ff.

Spätere Veränderungen der Qualität dieser Laute ergeben
sich zum Teil als Folge veränderter Quantitätsverhältnisse.
Und zwar ist für die Entwickelung der Quantität hochtoniger
Vokale die Stellung derselben in offener oder geschlossener
Tonsilbe mafsgebend geworden in der Weise, dafs in offener
Silbe ursprünglich kurze Vokale gelängt, in geschlossener Silbe ursprünglich lange Vokale ge-
kürzt wurden, während ursprünglich lange Vokale in offener
Silbe lang, ursprünglich kurze Vokale in geschlossener Silbe
kurz blieben. Inwieweit diese Neugestaltung der Vokalquantität ausschliefslich einzelsprachlicher Sonderentwickelung
in romanischer Zeit angehört oder in ihren Anfängen in vulgärlateinische Zeit zurückreicht, entzieht sich der Beobachtung.
Ursprünglich lange oder später gelängte ẹ ọ ẹ ọ in offener
Silbe sind infolge weiterer Dehnung unter dem Hochton nach
heute verbreiteter Annahme zu ẹẹ, ọọ, ẹẹ. ọọ mit zweigipfeligem

Accent, darauf unter Differenzierung ihrer zunächst qualitativ
gleichen Elemente zu den französischen Diphthongen *ie (fę-ru —
fier*, s. § 39), *uo (ro-let — vuoll;* s. § 58), *ei (vę-la — veile;* s.
§ 39), *on (go-la — goule;* s. § 64) geworden. Dabei ist zu
bemerken, daſs *o* nicht diphthongiert wird, wenn Nasal die
Nachtonsilbe anlautet (s. § 65), und daſs *o, ę* zum Unterschiede
von *ę, o* Tondiphthongierung auch vor *l* (s. § 60 u. 48) und vor
epenthetischem *i* (s. § 62 u. 50) erfahren.

Freies hochtoniges *a* erscheint im Französischen als
diphthongisches *ai* vor Nasal (*a-mas — aimes;* s. § 53), sonst als
e (pa-tre — pedre; s. § 52). Die Entwickelungsgeschichte ist
wenig aufgeklärt. Zu verschiedenen darüber aufgestellten
Theorien s. die Litteraturnachweise im Anhang.

Haupttonige *ę o ę o a* zeigen **vor einfachen wort-
auslautenden Konsonanten** die gleiche Entwickelung
wie in **offener** Silbe, z. B. *ręm — rien, cor — cuor, tręs —
treis, vos — vous* (s. § 64 Anm.), *tras* (s. § 25) — *tres*. Es ist
fraglich, ob der Grund dieser Erscheinung ausschlieſslich in
Verallgemeinerung derjenigen Formen, die sich bei vokalischem
Anlaut des folgenden Wortes (s. § 11, 4 b und § 33, 3) einstellen
muſsten, oder allgemein in einer durch die Einsilbigkeit jener
Wörter bedingten stärkeren Artikulation zu suchen ist. Aus
Zweckmäſsigkeitsgründen werden im folgenden die Tonvokale
vor einfachen wortschlieſsenden Konsonanten mit denen in
freier Stellung zusammen behandelt.

Keine Diphthongierung erleiden *i* (s. § 36 f.) und *y*. Letzteres
wird in freier und gedeckter Stellung in *ü* umgelautet (s. § 70),
wofür keltischer Einfluſs angenommen wird.

2) Unter dem Einfluſs eines *i* der Nachtonsilbe wird
freies und gedecktes *ę* in *i* umgelautet (s. § 44).

3) Eine Anzahl neuer Diphthonge und Triphthonge entstehen durch Verbindung des Tonvokals mit einem aus
Palatal oder palatalisiertem Konsonanten hervorgegangenen
sogen. epenthetischen *i*. Die Triphthonge wurden bereits
in vorliterarischer Zeit wieder zu Diphthongen oder auch zu
Monophthongen reduziert. Vgl. *lęctu — teit* (§ 43), *lęctu —
*lęit *lieit — lit* (§ 50), *plaga — plaie* (§ 56), *morio — *moir
*mauoir *mueir — müir* (§ 62), *angostia — angoisse* (§ 68),
fructu — früit (§ 71); *kęra — *kięira — cire* (§ 39. 2), *caru —

chier (§ 52, 2), *jaket* — **dżieist* — *gist* (§ 56, 2). Über die Quellen des *i* vgl. zum Konsonantismus.

4) Die Entwickelungsgeschichte von Vokal + *ą* bietet eine Reihe ungelöster Schwierigkeiten, namentlich soweit es sich um die einschlägigen Formen der starken *ui*-Perfekta handelt. Vgl. über diese auch die Formenlehre.

5) Unter dem Einfluß folgender nasaler Konsonanten entstehen Nasalvokale. Daß Nasalierung vor Ablaut des XI. Jahrhunderts bereits erfolgt war, lassen nur für *a, e, ai, ei* Assonanzen altfranzösischer Denkmäler erschliefsen. Für die anderen Vokale und Vokalverbindungen fehlt ein zuverlässiges Kriterium, was bei der nachfolgenden Darstellung, in der für sämtliche Vokale vor nasaler Konsonanz gleichzeitiger Eintritt des Nasalierung angenommen wurde, zu beachten ist. S. Anhang.

i.

§ 36. Freies und gedecktes *i* vor oralen Konsonanten bleibt *i*. Beispiele: *ripa — rive, vivu — vif, -itu — -it: finitu — finit* etc., *nidu — nit, misi — mis, visu — vis, venire — venir, filu — fil, vile — vil; libra — livre; escriptu — escrit, isla* (s. § 25) — *isle, villa — ville, mille — mil, tibia — tige, filia — fille (file)*.

Anm. *ei* in *leir* weist auf *ę* in unerklärtem vlt. *glere* (neben *glire*, cl. *glirem*) zurück.

§ 37. Freies und gedecktes *i* vor Nasal wird zum Nasalvokal *ī* (vgl. § 35, 5). Beispiele: *espina — espine; vinu — vin, pinu — pin, crine — crin; kinque* (s. § 28, 2) — *cinq, quintu — quint, simia — singe, linia ligne (lñie)*.

§ 38. *i* vor epenthetischem *i* verschmilzt mit diesem zu einem einheitlichen *i*-Laut. Beispiele: *mica — *miie mie, amica — amie, dikere — dire, friyere — frire, affliyere — afflire, fiyere — (clou)fire, riyant* (cl. *rideant*) — *rient*. — Vor Nasal *ī:* *liniu — ling (lñi)*.

Anm. *Freit* entspricht vulgärlateinischem *fregdu* st. *frigdu* (cl. *frigidu*). S. § 13, 1.

ę.

Vlt. *ę* entspricht cl.-lat. *ē, ĭ, œ* einigemal *æ* (s. § 18).

§ 39. Freies *ę* im unmittelbaren Wortauslaut (a),

vor Vokal (b) und vor oralen Konsonanten (c) ergiebt:

1) *ei*. Beispiele: a) *me* — *mei (mei)*, *te* — *tei*, *se* — *sei*;
b) *rea* — *reie*, *mea* (angeglichen an *me*; cl.
mea) — *meie*;
c) *sepe* — *seif*, *bebant* — *beivent*, *neve* — *neif*; *seta* — *seide*,
-etis — *-eiz*: *abetis* — *aveiz*. *preda* — *preide*, *credit* — *creit*,
mese (s. § 25) — *meis*, Suffix *-ese* (s. § 25) — *-eis*: *corteise* —
corteis, *pera* — *peire*, *veru* — *veir*. *abere* — *aveir*, *vela* —
reile, *stela* — *esteile*, *pelu* — *peil*; *pep(e)re* — *peirre*, *genep(e)ru* —
geneirre, *vetru* — *reidre*, *tonetru* (s. § 16) — *toneidre*.

A n m. In Lehnwörtern begegnet cl.-lat. *ē* als *e*, cl.-lat.
ī als *i*, z. B. *prophēte* (cl. *prophēta*, gr. προφήτης), *secret* (cl. *secrē-
tum*), *decret* (cl. *decrētum*); *lievre* (cl. *librum*). — Suffixvertauschung zeigen *crüdel*, *fedel* neben *fedeil*, *chandelle* neben
chandeile u. a. (s. § 12. 3).

2) *i* hinter Palatalen (vgl. § 34). Beispiele: c) *kepa* —
cive (tsive), *merkede* — *mercit*, *Bellorakese* — *Belveisis*, *payese* —
païs. *kera* — *cire*. *plakere* — *plaisir*, *takere* — *taisir*.

A n m. Nach gewöhnlicher Annahme hat sich hier nach dem
Palatal (vgl. § 28) ein *i* entwickelt, das mit *ei* aus betontem
freien *e* über *iei* zu *i* wurde: *kera* — **kieira* — *tsire* etc. — *Ceilet*
(kelat), *receivre (rekep(e)re)*, *receit (rekepit)*, *discient (dikebant)*. *burgeis*
(borgese) etc. sind Bildungen nach Analogie.

§ 40. Freies *e* vor Nasal wurde

1) *ei*. Beispiele: *plenu* — *plein (plein)*, *fenu* — *fein*. *fremu* —
frein, *senu* — *sein*, *serenu* — *serein*, *venu* — *reine*, *pena* — *peine*,
catena — *chadeine*, *avena* — *aveine*, *arena* — *areine*, *menat* --
meinet.

A n m. *Fiens* entspricht unerklärtem vlt. *femus* (cl. *fimus*). —
Wegen *en* (vlt. *en*, cl. *in*), *sen-s* (vlt. *sene*, cl. *sine*) s. § 11, 4 a.

2) *i* hinter Palatal. Beispiele: *rakenu* — *raisin*,
pollikenu — *polcin*.

A n m. Vgl. § 39, 2 die Anmerkung. — Wegen *renin* s.
§ 12, 3 b. Spätgriechischem *i* = älterem *ι* (s. § 30, 1) entspricht
i in *parchemin* und wahrscheinlich in *saïne* (σαγήνη). *Sarrasin*
(Σαραχηνός). Unerklärt ist *i* in afrz. *chaïne* neben *chacine (catena)*,
estrine neben *estreine (strena)* und dem etymologisch nicht durch-
sichtigen *scrin* (Zeisig).

§ 41. Gedecktes *e* vor oralen Konsonanten er-
scheint als *e*. Beispiele: *mettere* — *metre (mètre)*, *pescat* —
peschet. *messa* (cl. *missa*) — *messe*, *spessu* (cl. *spissum*) — *espes*,

verga — verge, verde (s. § 21) — vert. ęlla — elle, capęllu —
chevel, sęccu — sec; sępia — sęche (sętśe), consęliu — conseil
(consęl. vgl. § 204). auręcla (s. § 21. Anm.) — oręille (oręle),
solęclu — soleil (solęl); in romanisch gedeckter Stellung:
dęb(i)ta — dette. nęt(i)du — net; auch hinter Palatal bleibt
gedecktes ę: kęppu — cęp. kęrcut — cercheł.

Anm. Auf vlt. oder frz. Suffixvertauschung beruhen
-ęl, ęlle statt -ęl, -ęlle in aissęlle, ancęlle, puissęl etc., -ilę statt -ęle
in lentille, gradille (cl. craticula) u. a. — Zu senęstre (cl. sinistrum),
s. § 12. 1. zu jüngerem espeis espois (spęssu) ib., zu den Parti-
zipien mis, pris, sis und den Formen der 3. Pers. Sing. und Plur.
Praet. prist, pristrent etc. die Formenlehre. — Lehnwortform
haben virgęne (cl. virginem), epistele, saintisme (cl. sanctissimum),
wohl auch cissil (cl. cxilium), cil (cl. cilium), familie (cl. familia) u. a.,
ferner tapiz, dessen i spätgriechischem i = ı (ταπήτιον) entspricht.
Nicht hinreichend erklärt ist (dialektisches?) meisme neben mesme
(metępsimu).

§ 42. Gedecktes ę vor Nasal hat sich zu ẹ und
noch im Verlauf unserer Periode, aufser vor ń, weiter zu ä
entwickelt. In der Orthographie bleibt e mit wenigen Aus-
nahmen auch in der späteren Zeit. Beispiele: prẹndre (s.
§ 22, 2) — prendre (prẹndre, dann prändre). fẹndere — fendre.
ęntro — entre, sobęnde — suvent; vęndęmia — vendęnge; in
romanisch gedeckter Stellung: kęnẹdre (cl. cinerem) — cendre,
sęm(i)ta — sente, vor ń: tęnia (cl. tinea) — teigne (tẹñe).
dęgnat — deignęt (dẹñęt).

Anm. Lehnwörter sind simple, benigne, maligne, digne.

Die Entwickelung von ẹ vor gedecktem Nasal zu ä bildet
ein wichtiges Dialektkriterium, indem die nord- und westfranzösischen Mundarten (insbesondere das Pikardische und Normannische) bei ẹ beharrten.

§ 43. ę vor epenthetischem i verbindet sich mit
diesem zum Diphthongen ęi, der vor Nasal zu ẹi wird. Beispiele: lęye (leye, vgl. § 28. 3) — lei (dẹi). ręye — rei; vẹke vgl.
§ 108 Anm. 1, cl. vicem) — feiz, pẹke — peiz. plẹcat — pleię;
tęctu — teit, estręctu (cl. strictum) — estreit. vẹgru — neir,
dęseu — deis; fęria — feire.

fęnctu — feint (fẹint), vęnkit — veint, fẹnyit (cl. fingit) —
feint, vęnkis — veins.

Anm. 1. Für die lautmechanische Entwickelung der hier
in Frage stehenden ęi- und ẹi-Laute nach Palatal fehlen

streng beweisende Beispiele, da sowohl die Verbalformen *kęnyit* — *ceint*, *kęnktu* — *ceint* als auch die Endungen *-eis: frankęscu* — *franceis* und *-ise: frank + ętia* - *franchise* analogische Beeinflussung erfahren haben können. Zum Suffix *-ętia* (cl. *-ītia*) vgl. § 197. zur Endung *-iz* in *brebiz*, *soriz* § 12, 3 b, zu *dit* (*dįctu*; cl. *dīctum*) die Formenlehre.

§ 44. Haupttoniges freies oder gedecktes *ę* wird unter dem Einflufs eines nachtonigen *į* in *i* umgelautet, indem die gröfsere Enge der *i*-Artikulation auf die Artikulation des Tonvokals übertragen wird. Beispiele: *ęllį* — *il*, *ęstį* — *ist*, *pręsį — *pris*, *sęsį — *sis*, *vęnį* — *rin*, *tęnį — *tin*; die 2. Pers. Sing. des Perf. der primären Verba (vgl. die Formenlehre), wie *vįdęstį* (cl. *vīdīstī*) — *vedis*.

§ 45. *ę* + *u* erscheint als *ü* (geschr. *u*), *ę* + *uį* als *üi* in *dębu(i)t* — *dut* (*düt*), **cręru(i)t* — *crut* **crędu(i)t*, — *crut*, **rckępu(i)t* — *recut*, **bębu(i)t* — *but*; *dębuį* — *dui* (*düi*), *cręduį — *crui* etc.

Anm. Ein zuverlässiger Mafsstab für die Beurteilung der genannten Vokalverbindungen fehlt, da sie ausschliefslich in Verbalformen begegnen und hier assoziative Veränderungen erfahren haben können. — Nicht dem alten Erbwortschatz angehörende *ricule* (*riule*), *tiule* lassen sich auf ältere, an *rĕgo*, *tĕgo* angeglichene *ri(g)ula*, *tĕ(g)ula* st. *ręgla* (*rēgula*), *tęgla* (*tēgula*) zurückführen. Vgl. § 51.

ę.

Vlt. *ę* entspricht cl.-lat. *ĕ* und *æ*. Vgl. § 18 c.

§ 46. Freies *ę* vor oralen Konsonanten diphthongiert zu *ie*, woraus mit Verlegung des Accents auf den zweiten diphthongischen Bestandteil *ié* wird. Beispiele: *npos* — *nies*, *bręve* — *brief*, *lętu* — *liet*, *pęde* — *piet*, *sędit* — *siet*, *fęru* — *fier*, *ęrit* — *iert*, *quęrit* — *quiert*, *yęlu* — *giel*, *kęlu* — *ciel*; *męl* — *miel*, *fęl* — *fiel*; *fębre* — *fievre*, *pętra* — *piedre*.

Anm. *es* (*es*), *cret* (*crat*) etc. neben *ies*, *ieret* erklären sich nach § 11, 4 a. Vgl. auch die Formenlehre. — Wegen *mielz* (*męlius*), *tiede* (*tępidu*) etc. s. § 48 u. 35.

§ 47. Freies *ę* vor Nasal entwickelt sich über *ie* — *ié* zum nasalen Diphthongen *iẽ* (vgl. § 35, 5). Beispiele: *bęne* — *bien* (*biẽn*), *tęnet* — *tient*, *vęnit* — *vient*, *cręmit* (cl. *trĕmit*) — *crient*; *ręm* — *rien*.

§ 48. Gedecktes *ę* vor oralen Konsonanten bleibt *ę*. Beispiele: *sępte* — *set* (*sęt*), *tęsta* — *teste*, *pęrdere* — *perdre*,

*enfernu — enfern. perdit — pert, ferru — fer, bellu — bel,
norella — nuvelle, bellos*   bels (vgl. § 217); auch wenn Palatal
vorangeht: *kervu — cerf.*

Anm. Vor *l* wird *e* wie in freier Stellung zu *ie — ié*
diphthongiert (s. § 35): *melius — mielz, melior — mieldre.* — Auch
das Lehnwort *siecle (saeculum)* zeigt Tondiphthongierung. — *Niece
(neptia)* steht unter dem Einfluss von *nies (nepos)*: *piece (pekia?)*
vielleicht unter demjenigen von *piet (pede).* — In *tepida —
tiede* ist die Diphthongierung des Tonvokals früher als die
Synkope des Vokals der Pänultima, also (nach § 46) in freier
Stellung erfolgt. Auch in *medieu — miege, pedieu — piege* und
dem Verbalsubstantiv *siege* ist die Diphthongierung älter, als
die lautliche Umbildung des Ausgangs dieser Wörter. Einer
zuverlässigen Deutung harren *ie* (vgl. § 11, 3) in *tierz (tertiu),
fierge (ferria), cierge (cervia), i* (s. § 202) in *espice (espekia)* neben
espece. Griee (Grekia) neben *Grece, Galice (Gallekia).*

§ **49.** Gedecktes *e* vor Nasal hat *ę* ergeben, das sich
in Übereinstimmung mit dem aus *e* vor Nasal hervorgegangenen
ę (s. § 42) zu *ā* fortentwickelt. Beispiele: *ventu — vent(vānt),
templu — temple, exemplu — essemple*; in romanisch gedeckter Stellung: *yen(e)re — gendre, trem(u)lat — tremblet,
ten(e)ru — tendre.*

Anm. Zur dialektischen Scheidung von *ę* und *ā* s. § 42
Anm. — Vgl. auch § 13, 3 b.

§ **50.** *e* vor epenthetischem *i* entwickelt sich mit
diesem über **iei* zu *i*, vor Nasal weiter zu *ī* (vgl. § 35, 5).
Beispiele: *precat — *preiet *prieiet — priet, deke — diz dis* (vgl.
§ 138 Anm.), *lego — li; lectu — *leit — *lieit — lit, despectu —
aespit, pectus — piz, seks — sis, exit — ist, entegru — entir;
ebriu — ivre, pretiu — pris, meyu (mediu) — mi, *keresia —
cerise, meriat — miret; dee(i)mu — dime disme* (vgl. § 162
Anm.); *enyeniu — engin, enyeniet — engint.*

Anm. 1. Das Resultat der Entwickelung von *e + i* ist in
den französischen Mundarten ein verschiedenes. Das zentral-
französische *i* findet sich ebenso im Pikardischen, während in
den östlichen Mundarten *ei*, im Nordwesten des Sprachgebietes
ie erscheint.

Anm. 2. Auf Suffixvertauschung beruhen *-ier, -iere* in
mostier, cimetiere (neben *cimetire*) u. a., auf Angleichung an die
2. und 3. Pers. Sing. *rieng (renio), tieng (tenio)* statt *ving, ting.*

§ **51.** 1) *e + u* ergiebt triphthongisches *ieu.* Beispiele:
Deu (vgl. § 22, 1) — *Dieu, Andreu — Andrieu, Matheu —*

Mathieu, sękno — sieu, kręu (s. § 18 c) — *cieu, Gręeu — Grieu, sęvu — sieu, *lęgua* (kelt. *leuca*) — *lieue, *tręgua* (germ. *treuua*) — *trieue.*

2) *ę + ui* erscheint als *üi*: **estętui — estui (estüi).*

Anm. Neben *ieu* begegnen früh *eu, iu*, worin dialektische Abweichung und, was *eu* betrifft, in franzischen Texten gelehrte Lautgebung zu sehen ist. — *ü* in *estüt* (**estętuit*), *estürent* (**estętuerunt*) kann aus der 1. Sing. übertragen sein.

a.

§ 52. Freies *a* vor oralen Konsonanten ergab:
1) *ę*. Beispiele: *sapa — seve* (*sęve*), *faba — feve, nave — nef: pratu — prede, pratu — pret, remasa* (s. § 25) — *remese, nasu — nes. clara — clere, mare — mer, paret — peret, ala — ele, tale — tel.* Suffix *-ale — -el: mortale — mortel, ospitale — ostel; tras* (s. § 25) — *tres, sal — sel; labra — levre, fabru — fevre, patre — pedre, matre — medre, fratre — fredre.*

2) *ię* hinter palatalen bzw. palatalisierten Konsonanten oder Konsonantengruppen. Beispiele: *caru — chier* (*tsięr*), *capu — chief, capra — chievre, peccata — pechiede; pacare — paiier, secare — seiier, emplecare — empleiier, negare — neiier: appoyare* (*appodiare*) — *appoiier; tractare — traitier, laxare — laissier, plakitare — plaidier, bajulare — baillier, basiare — baisier. pretiare — preisier, calkiare — chalcier, chaucier.*

Anm. 1. Zur Qualität des aus freiem *a* entstandenen *e*-Lautes s. die Litteraturangaben im Anhang. — Zu *megre* (*macru*), *egre* (*acre*) vgl. § 162 Anm. — *Mal* (*malu*) neben *mel, car* (*quare*) neben *quer, a* (*ad*), *as* (*habes*). *at* (*habet*) erklären sich nach § 11, 4 a: *chalt* (*calet*) neben *chielt, valt, valent* (*valent*), *salt* (*salit*), *ont* (*habent*) u. a. nach § 12. 2 (vgl. die Formenlehre). — Lehnwörter sind *pape* (cl. *papa*), *estat* (cl. *statum*), *care* (cl. *cavam*), *cas* (cl. *casum*): die Adjektiva und Substantiva auf *-al* (cl. *alem*), wie *leal, real* (Eul. *regiel = reiiel*), *missal*; ferner *table* (cl. *tabulam*), *diable* (cl. *diabolum*), *estable* (cl. *stabulam*) etc.

Anm. 2. Die Entwickelung von haupttonigem freien *a* bildet das wichtigste Kriterium, nach dem man die Sprachgebiete des Französischen, Provenzalischen und Frankoprovenzalischen abzugrenzen pflegt. Im Provenzalischen bleibt *a* durchweg erhalten: im Frankoprovenzalischen wird es hinter Palatalen wie im Französischen zu *ie*, während es sonst wie im Provenzalischen *a* bleibt.

§ 53. Freies *a* vor nasalem Konsonant ergiebt
1) *ȧi*. Beispiele: *amas* — *aimes* (*äimes*), *fame* — *faim*.
ramu — *raim*; *lana* — *laine*, *vana* — *vaine*, *pane* — *pain*,
manu — *main*, *mane* — *main*, *ranu* — *rain*, *granu* — *grain*,
das Suffix *-anu* — *-ain*: *subitanu* — *sudain*, **patranu* —
padrain.
2) *iȇ* hinter Palatalen. Beispiele: *cane* — *chien* (*tšiȇn*),
decanu — *deiien*, *paganu* — *paiien*, *legame* — *leiien*.
Anm. Wegen der Verbalendung *-ons* (*-amus*) s. die
Formenlehre.

§ 54. Gedecktes *a* vor oralen Konsonanten ist
a geblieben. Beispiele: *drappu* — *drap*, *racca* — *rache*,
grassu — *gras*, *passu* — *pas*, *valle* — *val*; *arma* — *arme*,
parte — *part*, *lardu* (s. § 21) — *lart*, *salvu* — *salf* (s. § 178).
sapiat — *sachet*, *rabia* (cl *rabiem*) — *rage*, *brakiu* (*bracchium*) —
braz, *lakiu* (cl. *laqueum*) — *laz*, *aliu* — *ail* (*al*, s. § 204),
battalia — *bataille* (= *batale*); in romanisch gedeckter
Stellung: *rap(i)du* — *rade*, *as(i)nu* — *asne*, *-aticu* — *-age* (s.
§ 151, 2); auch hinter Palatal bleibt gedecktes *a*: *cattu* —
chat, *carne* — *charn*, *carru* — *char*, *carm(i)ne* — *charme*.
Anm. Wegen *font* (*faciunt*) s. die Formenlehre.

§ 55. Gedecktes *a* vor nasalen Konsonanten
wird nasaliert (*ā*). Beispiele: *flamma* — *flamme* (*flāme*),
pannu — *pan*, *annu* — *an*; *amplu* — *ample*, *tantu* — *tant*,
quantu — *quant*, *enfante* — *enfant*; *Brettania* — *Bretaigne*
(= *Bretāie*, s. § 207); in romanisch gedeckter Stellung:
am(i)ta — *ante*, *an(i)ma* — *anme*, *man(i)ca* — *manche*; auch
hinter Palatal steht *ā*: *campu* — *champ*, *cantat* — *chantet*,
pacante — *paiant*, *neganto* — *neiant*, *cam(e)ra* — *chambre*.
Anm. *estont* (*estant*) wurde an *sont* (*sunt*) angeglichen. S.
die Formenlehre.

§ 56. *a* vor epenthetischem *i* verbindet sich mit
diesem zum Diphthongen *ai*, der aufser vor Nasal im
Französischen etwa gegen Schlufs unserer Periode zu *ẹi* und
vor mehrfacher Konsonanz weiter zu *ę* sich entwickelt hat.
In der Schreibung bleibt *ai*. Vor Nasal entsteht der nasale
Diphthong *ȧi*. Beispiele: *bracu* — *braie*, *pacas* — *paies*,
plaga — *plaie*, *fac* — *fai*, *rayu* (*radiu*) — *rai*. Suffix *-acu* —
-ai in **veracu* — *verai* und Ortsnamen wie *Baracu* — *Barai*,

156,2).A - La suffixe -arius dans les langues romanes - Diez*? d'Upsal - Erik Staaff. Upsal -196 - 159ff.
cf. Z.H. xxj -fq9-p 796 - Marchot.
v. -ariu au franço-prouuçal, R de Phil. -194-p 36 - Marchot:

— 40 —

Duacu — *Duai*; *laxat* — *laissef*, *factu* — *fait*, *axe* — *ais*,
faske — *fais*, *palatiu* — *palais*, *Sarmatia* — *Sarmaise*, *ar̦a* —
aire, *rariu* — *rair*; *paskere* — *paistre*, *naskere* — *naistre*
traxerunt — *traistrent*.

Sancta — *sainte*, *planctu* — *plaint*, *anxia* — *ainse*.

2) Diese Regel erleidet eine Einschränkung für vlt.
freies *a* hinter Palatal, indem sich hier nach § 52. 2 aus
a ie entwickelt, das mit folgendem epenthetischen *i* über *ici*
zu *i* wird: *jacet* — **džieist* — *gist (džist)*, *cacat* — *chi̦t (tšíet)*.
Suffix -*iacu* — *i*: *Campiniacu* — *Champigni*. *Liniacu* — *Ligni*.

Anm. Nach anderer Annahme ist *a* nach Palatal über
*iai — **ici* zu *i* geworden. — Das Suffix -*ariu* hat -*ier* (z. B.
primariu — *premier*) ergeben. S. Anhang.

§ 57. 1) *a* + *u* wurde *o̦u*. Beispiele: *fagu* — *fou (fóu)*,
claru — *clou*, *Andegavu* — *Anjou*; *abu(i)t* — *out*, *sapu(i)t* —
sout, *pôrvuerunt* — *pourent (póurent)*, *plácuerunt* — *plourent*,
tácuerunt — *tourent*.

2) *a* + *ui* ergab *o̦i*, z. B. *abui* — *oi (ói)*, *placui* — *ploi*,
sapui — *soi*.

3) Jüngeres *a* - *u*, das sich gegen Ende unserer Periode
aus *al* Kons. entwickelte (s. § 178), bleibt *au*. Beispiele: *salvu* —
sauf, *caldu* (s. § 21) — *chaut*, *saltu* — *saut*.

ọ.

§ 58. Freies *ọ* vor oralen Konsonanten diphthon-
giert zu *ọo*, welches früh über *ọe* zu *ue̦ (ué)* wird. Beispiele:
ọpus — *ues*, *probat* — *prueve̦t*, *bọve* — *buef*, *nọve* — *nuef*,
nọvu — *nuef*, *ọvu* (s. § 20) — *uef*, *mọvet* — *muet*, **pọtet* —
puet, *sọror* — *suer*, *filiọlu* — *filluel*, **vọlet* (cl. *vult*) — *vuelt*,
ap[ud] h]ọc — *avuec*, *illo lọco* — *iluec*; *cọr* — *cuer*; *colọbra* (cl.
colúbra, s. § 16 und § 20) — *culuevre*.

Anm. *ue* begegnet zuerst im Domesday-Book (1086), z. B.
Sept mueles (molas). Die französische Aussprache des Diphthongen
war *ue* (geschr. *ue*, *oe*), woneben andere Mundarten *üe* kennen. —
ọ ist geblieben in Lehnworten wie *escole*, *rose*, *jaiole* und an satzunbetonter Stelle in *ço (ecce hoc)*, *fors* neben *fuers (foris)* u. a.
(vgl. § 11, 4). — *o* in *demọre̦t* neben *demuerẹt (demọrat)*, *devọrẹt*
statt *devuerẹt (devórat)* stammt aus den endbetonten Formen.

§ 59. Freies ǫ vor Nasal wird uǒ u̯ę. Beispiele: bǫnu — buen, bǫna — buene, sǫnu — suen, tǫnant tuęnent, cǫmes — cuens, ǫmo — uem.

Anm. ọ in bǫn. bǫne und dem pronominal gebrauchten ǫm erklärt sich aus der satzunbetonten Verwendung dieser Wörter, im Subst. ǫm durch Einfluß des Obliquus ǫmme (ǫmine), in sǫn, tonent etc. durch den Einfluß endbetonter Formen gleichen Stammes.

§ 60. Gedecktes ǫ vor oralen Konsonanten bleibt ǫ. Beispiele: fǫssa — fosse (fǫsse), tǫstu - tost, cǫsta - coste, pǫrta — porte, fǫrte — fort, fǫrtia — force, mǫrtu (s. § 22, 4) — mort, dǫrmit — dort, cǫrnu — corn, cǫrpus — cors. mǫlle — mol, cǫllu — col, cǫlpu (s. § 21), — cǫlp, rǫburunt — roldrent: nǫptia (s. § 20) — noce; in romanisch gedeckter Stellung Rhǫdanu — Rosne.

Anm. Vor l wird ǫ wie in freier Stellung zu uo — ue diphthongiert (s. oben § 48 zu ǫ): fǫlia — fueille (fuele), rǫlia rueille, dǫliu — dueil, sǫliu — sueil; ǫclu — ǫlu — ueil. Außerdem erscheint ue in reprǫpriu — reprucce, tǫrquet — tuert und einigen anderen Fällen, in denen dialektische Sonderentwickelung anzunehmen ist. — Aus den endungsbetonten Formen stammt ǫ in aprǫchet, reprochet, despǫillet (despolet) u. a. Wegen pǫntecuste s. § 12, 4.

§ 61. Gedecktes ǫ vor Nasal ergiebt ǒ. Beispiele: pǫnte — pont (pǫnt) — cǫntra - contre. tǫnd(e)re - tondre, lǫngu — lonc; cǫm(i)te — conte, ǫm(i)ne — homme.

§ 62. ǫ vor epenthetischem i entwickelt sich mit diesem über *uoi — *uei zu üi (geschr. ui). Beispiele: dǫket — duist (düist), nǫket — nuist; nǫcte — nuit, cǫctu — cuit, cǫxa cuisse, nǫk(e)re — nuire, cǫk(e)re — cuire; trǫja — truie, bǫja buie, ǫye (ǫdie) — hui, pǫgu (pǫdiu) — pui, cǫpriu (vgl. § 20) — cuivre, ǫstria — nistre, cǫriu — cuir, mǫrio — muir, mǫriant — muirent.

Anm. üi als Vertreter von älteren uoi, uei begegnet, außer im Französischen, im Pikardischen und im Ostnormannischen, während die meisten anderen Mundarten abweichende Entwickelungen zeigen.

§ 63. 1) ǫ - u wird, wahrscheinlich über *uou, ueu, zu öu. Beispiele: fǫcu — feu (föu), lǫcu — leu, jǫcu — jeu, cǫcu — keu.

2) ǫ - ui ergab üi: nǫkui — nui nüi).

Anm. Neben *jeu, leu* begegnen *gieu, giu, lieu*, *liu*, die
einer zuverlässigen Deutung harren; in *nüt (nǫku(i)t)*, *nürent
(nǫcuerunt)* dürfte *ü* aus der 1. Sing. eingedrungen sein.

Ǫ.

Vlt. *ǫ* entspricht cl *ō, ŭ*.

§ 64. Freies *o* vor oralen Konsonanten und *a*
diphthongiert zu *óu*. Beispiele: *tǫa* (cl. *tŭam*) — *toue (tóue)*,
sǫa — soue; nepǫte — nevout. Suffix *ǫsu — ous: dolerous* etc.,
*omǫre — onour, colǫre — culour, ora — oure, gǫla — goule,
cǫda* (s. § 19 Anm.) — *coude*.

Anm. *Nus* (vlt. *nǫs*), *vus* (vlt. *vǫs*) sind satzunbetonte Formen,
die früh auch an die Stelle der satzbetonten Entsprechungen *nóus,
vóus* getreten sind. Wegen *pur* (vlt. *pǫr*, cl. *prō*) s. § 11, 4. In
anderen Fällen beruht *u* (statt *óu*) auf Angleichung des Tonvokals an den entsprechenden unbetonten Vokal in endbetonten
Wörtern gleichen Stammes. *Tut* geht auf vlt. *tǫttu* (st. *tǫtu*, cl. *tōtum*)
zurück (s. § 119 Anm.). In Lehnwörtern wird cl.-lat. *ō* mit *ǫ, u*;
cl.-lat. *ŭ* mit *ü* wiedergegeben, z. B. *derǫt, noble (nōbilem), cuple
(cōpula), rüde (rŭdem)*. Vgl. § 113 Anm. — In der normannischen und den anderen westfranzösischen Mund-
arten ist *ǫ* nicht diphthongiert worden, sondern durchweg als
ǫ u geblieben.

§ 65. Freies *ǫ* vor Nasal wird zum Nasalvokal *ọ̃*.
Beispiele: *dǫnat — donet (dǫnẹt), persona — persone, Rǫma —
Rome; leone — lion, pavone — paon, masione* (s. § 25) —
maison, domu — don.

Anm. Nach anderer Auffassung ist eine Lautstufe *ọ̃* nicht
vorhanden gewesen, sondern *on* (mit oralem *ǫ*) in einer späteren
Zeit des Altfranzösischen direkt in *ọ̃n* übergegangen.

§ 66. Gedecktes *o* vor oralen Konsonanten
wird *ụ*. In der Schreibung wechseln *o* und *u*, wofür später
ou in Gebrauch kommt (s. § 223). Beispiele: *rǫpta — rute,
cǫppa — cupe, gǫtta — gute, *tǫttu — tut* (s. § 119 Anm.),
gǫsta — guste, costat (s. § 25) — *custe, mosca — musche,
rossu — rus, corte* (s. § 23) — *curt, ornat — urnẹt, ordine —
urne, forma — furme, torre — tur, borsa — burse, polla —
pule, mǫltu — mult; conocla — quenuille (kenule)*; in romanisch geschlossener Silbe: *dobitat — dutẹt, d(ụ)odeke — duze*.

Anm. Lehnwortform zeigen *forme* neben *furme, ordre*
und *orne* neben *urne, delüge* (vgl. § 64 Anm.) u. a.

§ 67. Gedecktes *o* vor Nasal wird zum Nasal-vokal *ọ*. Beispiele: *onda* — *onde* (*ọnde*), *ombra* — *ombre*, *somma* — *some*, *colomna* — *colone*, *ongla* (cl. *ungula*) — *ongle*; *calomnia* — *chalonge*, *lombiu* — *longe*; in romanisch geschlossener Silbe: *nom(e)ru* — *nombre*. Vgl. die Anm. zu § 65.

§ 68. *o* vor epenthetischem *i* verbindet sich mit diesem zum Diphthongen *ọi*, vor Nasal *ọ̃i*. Beispiele: *vọke* — *voiz* (*vọiz*), *croke* — *croiz*, *noke* — *noiz*: *dọcta* — *doite*, *cognoscit* — *conoist*: *angostia* — *angoisse*. *pognu* — *poing* (*pọ̃i̯ñ*), *coniu* — *coing*, *testimoniu* — *tesmoing*, *ponctu* — *point*.

Anm. Auffallend ist *ọ̃i* für zu erwartendes *ọi* in *pọiz* (*pọiz*: *potiu*, cl. *pāteum*), *cuit cogito*; cl. *cōgito*), *huis* (*ustiu* oder *gallorom. ostiu?*; cl. *ostium*). *tuit* und einigen anderen Wörtern, deren Entwickelungsgeschichte nicht genügend aufgeklärt ist.

§ 69. *o* — *u* ergab *ọu*. Beispiele: *dọos* (cl. *dṹos*) — *dous* (*dọus*), *lọ(p)u* — *lou*.

Anm. *ọi* dürfte die lautmechanische Fortsetzung von *o* + *ui* repräsentieren in *morui — *mui* (*müi*), *cognoui — *conui* (*conüi*) und die 3. Sing. und Plur. *müt* (vlt. **moru(i)t*), *mürent* (*móruerunt), *conüt*, *conürent* hieran angebildet worden sein.

u.

§ 70. Freies und gedecktes *u* vor oralen Konsonanten, desgleichen freies *u* im unmittelbaren Wortauslaut und vor Vokal ergeben *ü*. In der Orthographie bleibt *u* (s. § 14, 1). Beispiele: *tu* — *tu* (*tü*); *cupa* — *cuve*, *escutu* — *escut*, *nuda* — *nude*, *lactuca* — *laitue*, *usu* — *us*, *muru* — *mur*, *securu* — *sëur*, *mulu* — *mul*; *plus* — *plus*; *fuste* — *fust*, *furtu* — *furt*, *nullu* — *nul*, *nulla* — *nulle*; *pulike* — *pulce*.

§ 71. Freies und gedecktes *u* vor Nasal wird zum Nasalvokal *ü̃* (vgl. § 35, 5). Beispiele: *unu* — *un* (*ü̃n*), *flume* — *flun*, *dunu* — *dun*: *Autun Verdun*, *una* — *une*, *pruna* — *prune*; *allum(i)nat* — *allume*.

§ 72. *u* mit epenthetischem *i* wird *üi*, vor Nasal *ü̃i*. Beispiele: *ducat* — *duiet* (*düiet*), *luket* — *luist*; *fructu* — *fruit*, *tructa* — *truite*, *lucta* — *luite*; *juniu* — *juin* (*dẑü̃in*). — Bereits vlt. *ui* (s. § 22) ergiebt ebenfalls *üi*, z. B. *cui* (*cüi*), *fui*.

au.

§ 73. Freies und gedecktes *au* vor oralen Konsonanten wird *o*. Beispiele: *audit* — *ot* (*ot*), *causa* — *chose, pausa* — *pose, clausu* — *clos, caule* — *chol, auru* — *or, claudere* — *clore, paupere* — *povre; paraule* — *parole, taula* — *tole; (il)lá ora* — *lore-s, áora* (cl. *húc hora*) *ore; *jaurga* (s. § 112 Anm.) — *forge*.

§ 74. *au* vor epenthetischem *i* entwickelt sich mit diesem zum Diphthongen *oi*. Beispiele: *ganya* (*gaudia*) — *joie* (*džóie*), *auyo* (*audio*) — *oi, nausia* — *noise*.

Anm. Wegen *oie* (*auca*) s. § 143, Anm., wegen *poi* § 148, 2.

§ 75. *au* + *u* giebt *óu*: *paucu* — *pou* (*póu*), *raucu* — *rou*.

B. Die Nachtonvokale.

a) In der Paenultima.

§ 76. Wenn auf den Hauptton zwei Nachtonvokale folgen, so wird der erste (dem Tonvokal zunächststehende) der beiden Vokale elidiert. Beispiele: *manica* — *manche, comite* — *comte, fraxinu* — *fraisne, camera* — *chambre, nomeru* — *nombre;* auch *a* fällt: *Séquana* — *Seine, lázaru* — *lazdre ladre, platanu* — *plane, cannabe* — *chanve*.

Anm. Schon im Vlt. waren viele Proparoxytona zu Paroxytona geworden: a) durch Accentverlegung (s. § 16, 1). b) durch Jotazierung eines im Hiat stehenden, ursprünglich silbigen *i, e* (*fakio* etc., s. § 22, 3), c) durch Synkope des Vokals der Paenultima zwischen gewissen Konsonanten (*calmu* etc., s. § 21). Nach der Wirkung des § 76 formulierten Gesetzes, die in eine frühe Zeit des Altfranz. hinaufreicht, besafs das Französische Proparoxytona überhaupt nicht mehr, abgesehen von einer Anzahl nicht dem Erbwortschatz angehörenden Wörtern wie *angele, imagene,* deren Aussprache zweifelhaft ist, die aber in der überlieferten Litteratur vom Dichter stets als Paroxytona behandelt werden. Abweichende Behandlung zeigen aus jüngeren Texten belegte *are* (*aridu*), *pave* (*pavidu*), *rance* (*rancidu*), *ane* (*anate*), *l(i)ere* neben *tiede* (*tepidu*), *pale* (*pallidu*) u. a., für die teils gelehrte, teils dialektisch volkstümliche Entwickelung anzunehmen ist.

b) Im Wortauslaut.

§ 77. Treten auslautende *u, i* mit dem vorhergehenden Tonvokal in Hiatus, so gehen sie mit diesem diphthongische

Verbindungen ein. Beispiele: *potui — poi, placui — ploi; focu — fou, jocu — jou, fagu — fou; clavu — clou, Andegavu — Anjou.*

Anm. Die Entstehungsgeschichte dieser Diphthonge ist im einzelnen nicht völlig klar gestellt. S. die Litteraturnachweise im Anhang und vgl. zum Konsonantismus. — Über Verschmelzung von Tonvokal mit unmittelbar folgendem unbetonten auslautenden Vokal zu Diphthongen im Vulgärlat. s. § 22, 1.

Im folgenden sind die unbetonten Vokale der letzten Silbe nur noch insoweit zu berücksichtigen, als sie im Romanischen silbig geblieben waren. Von den Fällen, in denen der Nachtonvokal im unmittelbaren Wortauslaut steht (*porta, bene, comite*), sind diejenigen zu trennen, in welchen darauf wortauslautende Konsonanz folgt (*amat, venit, facimus, vendunt*).

§ 78. *a* im unmittelbaren Wortauslaut bleibt als dumpfes *ę* (Stimmtonlaut). Beispiele: *vȩa — veie, ala — ele, terra — terre, porta — porte, bona — bone, colonna — colonne, angostia — angoisse, folia — fueille.*

§ 79. Andere wortauslautende Vokale als *a* sind:

1) gefallen:

a) Nach einfachen Konsonanten. Beispiele: *nave — nef, mese — meis, pare — per, muru — mür, mortale — mortel, bene — bien, parone — paon, amo — ain.*

b) Nach geminierten Konsonanten. Beispiele: *cęppu — cep, cattu — chat, sȩccu — sec, passu — pas, ferru — fer, caballu — cheval.*

c) Nach primären (bereits vulgärlat.) Konsonantengruppen, deren letztes Element Verschlufslaut oder Spirant ist. Beispiele: *campu — champ, servu — serf, salvu — salf; arte — art, perdo — pert, vȩrde (s. § 21) — vert, caldu (s. § 21) — chalt, ventu — vent, factu — fait, prepostu (s. § 21) — prevost, tostu — tost, jonctu — joint, septe — set, versu — vers, escripsi — escris, axe — ais; arcu — arc, dǫlke — dolz.* Ferner nach Vokal + Palatal + *l*: *periclu — peril, solȩclu — soleil, veclu (s. § 27) — vieil*; nach *gr*: *nȩgru — neir, entȩgro — entir*; nach *r* + Nasal: *cornu — corn, ibernu — ivern, fȩrmu — ferm*; nach *gn*: *pǫgnu — poing*.

d) Nach einigen früh vereinfachten sekundären Konsonantenverbindungen: *-tid—: netidu — net. putidu — püt; -kit-, -yit-: plakitu — plait, deyitu — deit; -yine: plantayine — plantain; -lligo — cueil; -gnit-, -ryit-: cognitu — coint, goryite* (cl. *gurgitem*) — *gurt*.

e) Nach *ti, si, ki, li, ri* (aufser Kons. +*ri*), *ni* (aufser *mni*). Beispiele: *pretiu — pris, Martiu — Marz, Gervasiu — Gervais, solakiu — solaz, conseliu — conseil, malliu — mail, variu — vair, conçu — coing* (dagegen: *copriu — cüivre, ebriu — ivre, somniu — songe*).

2) als *c* geblieben:

a) Nach den primären Verbindungen Lab. +*r*, Dent. +*r*, Lab. +*l*, Kons. +Patal. +*l*, *lm, sm, ln, mn*: *fabru — fevre, labru — levre, febru — fievre; patre — pedre, matre — medre, nostru — nostre; doplu — duble, treplu — treble, enflo — enfle; coperclu — cuvercle; calmu* (s. § 21) — *chalmc, helmu — helme, olmu — olme, orme; baptesmu — batesme; almu — alne; somnu — somne, escamnu — eschamne.*

b) Nach den sekundären Verbindungen mit Ausnahme der unter 1d genannten. Beispiele: *Leyere — Leire, fakere — faire, rivere — vivre, yenere — gendre, molere — moldre, asinu — asne, jovene — juevne, ominе — homme, malabitu — malade, tepidu — tiede, pedicu — piege, comite — conte, etaticu — edage, pascere — paistre, metepsimu — medesme, ordine — orne, ospite — oste, cannabe — chanve.*

c) Nach Lab. +*i*. Beispiele: *apiu — ache, robiu — ruge, quadroviu — caruge, simiu — singe*. Ferner nach Kons. *ri, mni* (s. 1, c).

Anm. 1. In der relativen Lautchronologie ist die Erklärung dafür zu suchen, dafs das für *e, i, o, u* eingetretene wortauslautende *e* — sog. Stütz-*e* — erhalten bleibt, auch wenn die vorangehende Konsonantenverbindung später vereinfacht worden ist (z. B. *patre — pedre, pere*), und dafs das Verhalten der Vokale nach primären und sekundären Konsonantenverbindungen auseinandergeht (z. B. *pulike — pülce* neben *dolke — dolz, Leyere — Leire* neben *negru — neir*.

Anm. 2. Abweichende Behandlung zeigen zahlreiche Lehnwörter wie *honeste, chaste, celeste, monde, contraire, lange* (*laneum*), *linge* (*lineum*), *signe* (*signum*); *siecle, miracle.* — In anderen Fällen

scheinbar unregelmäfsiger Entwickelung liegen Analogiebildungen vor. So sind *coillir* (*colligere*), *benëir* (*benedicere*)
durch Übertritt in die altfrz. 3. Konjugation zu erklären. — Aus
dem proklitischen Gebrauch erklärt sich vielleicht *dan*
statt *dame* aus *domna* (s. § 21 Anm.). Vgl. auch § 186 Anm.

§ 80. Folgt auf den unbetonten Vokal der
Ultima ein auslautender Konsonant oder eine
auslautende Konsonantengruppe, so gilt: *a* ist auch
hier stets als *e* geblieben, z. B. *amas — aimes, amat — aimet,
amant — aiment*. Das Verhalten anderer Vokale als *a* ist
durch die Beschaffenheit der umgebenden Konsonanten bedingt.
Meist ist der Vokal geschwunden, z. B. *sapit — set, debet —
deit, tempus — tems, corpus — cors, comes — cuens, vermes —
ver(m)s, minus — meins, amet — aint, sedet — siet, laudet —
löt, defendit — defent, intus — enz, fortis — forz, plaket —
plaist, pejus — pis, melius — mielz*. Dahingegen *vendunt —
rendent, cantent — chantent, ament — aiment, dikimus — dimes,
fakimus — faimes, cantasses — chantasses*; vgl. auch mit Metathese eines auslautenden *r* oder *l: semper — sempre, kvattor —
quatre, emperator — emperedre, melior — mieldre, minor —
meindre, major — maire, ensimul — ensemble* u. a.

An m. Auf Angleichung beruht *e* in zahlreichen Verbal-
formen wie: *estes* (*estis*), *iermes* (*erimus*), *somes* neben *sons* (*sumus*),
-*astes* (-*astis*): *amastes, chantastes*, -*ames* (-*amus*): *amames,
chantames* etc. Vgl. die Formenlehre.

C. Die Vortonvokale.

§ 81. Als Vortonvokale werden im folgenden sämtliche
Vokale eines Wortes bezeichnet, welche dem Haupttonvokal
vorangehen.

Wörter mit zwei oder mehr Silben vor der hochtonigen
haben einen Nebenton auf der ersten Silbe, z. B. *sănităte,
sŏbităna, vĕridiăriu*. Dieser Regel sind auch die durch
Zusammensetzung gebildeten Wörter unterworfen, wenn ihre
Kompositionselemente nicht mehr als solche empfunden
werden, z. B. *ădjutăre*.

Die Vokale zwischen Nebenton und Hochton — sie seien
kurz als nachnebentonige bezeichnet — folgen besonderen
Entwickelungsgesetzen und sind daher für sich zu behandeln.

a) Die nachnebentonigen Vokale.

§ 82. Im allgemeinen haben die Vokale nach dem Nebenton mit denjenigen nach dem Hauptton gleiches Schicksal gehabt, insofern nämlich hier wie dort unter der Wirkung einer stärker betonten Silbe eine Abschwächung des Vokals der dieser folgenden unbetonten Silbe erfolgte, die in vielen Fällen den völligen Schwund derselben zur Folge hatte.

§ 83. Von den nachnebentonigen Vokalen bleibt nur *a* regelmäfsig erhalten, sei es als silbiges *ę* oder, vor epenthetischem *i*, als erster Bestandteil eines Diphthongen. Beispiele: *bàccaláre — bacheler, càntatóre — chantedóur, àratóre — aredóur, pòrtatóre — portedóur, armatúra — armedüre, àmar(e) — àbet — amerat; òratióne — oraisun, rènatióne - renaisun, tànakéta — tanaiside, Bèll(o)vakése — Belvaisis.*

Anm. Neben *oraisun, renaisun* etc. begegnen in altfranz. Texten *orcisun* (später *oroisun*), *rencisun* (*renoisun*), *Belreisis* (*Beauroisis*), so dafs man zweifeln darf, ob *ai* oder *ei* die ursprüngliche Lautung repräsentiert, d. h. ob der Übergang von *a* in *e* der Attraktion des *i* vorausliegt oder nachfolgte. — Wegen *donrat. dorrat* neben *donerat, menrat, merrat* neben *menerat,* desgl. wegen *serment, merveille* vgl. § 83 Anm.

§ 84. Andere nachnebentonige Vokale als *a* werden, aufser in bestimmter konsonantischer Umgebung, synkopiert.

1) Beispiele für Synkope: *kèrebéllu — cervel, àrtemésia — armeise, vèrecóndia — vergogne, tèner(e) àbet — tendrat, màteriáme — mairrien, mèdietáte — meitiet, pàrtitióne — parçon, sànitáte — santet, bèllitáte — beltet, sòbitánu — sudain, òspitále — ostel, dòrmitóriu — dortoir, lèporáriu — levrier, àdjutáre — qidier, bàjuláre — baillier, pìsturire — pestrir, istimáre — esmer, mòntikéllu — moncel, còmitátu — contet. — In men(i)steriu — mest(ier), *mon(i)steriu — most(ier)* ist, wie der Schwund des *n* erkennen läfst (s. § 25), die Synkope bereits in vlt. Zeit erfolgt.

2) Die Synkope ist unterblieben vor mehrfacher Konsonanz in *càlomniáre — chalongier, sòspectióne — suspeçon*; vor *l, ń* in *pàpilióne — pavillon* (doch *Aùreliácu — Orly*), *Sàbiniácu — Savigny*; vor *ki* in *èrikióne — eriçon*; in der Lautfolge Kons. t-t `: *càstitáte — chastetet, sànctitáte — saintetet;* ferner in *dòmnikélla — dameiselle* u. sonst.

Anm. Lat. *latrokíniu, notritára* und andere Wörter, in denen Kons. + *r* die nachnebentonige Silbe anlautet, sind nicht direkt (mit Erhaltung der nachnebentonigen Vokale als *e*) zu *larrecin, marrelüre* geworden, sondern haben, wie die Behandlung der die Tonsilbe anlautenden Konsonanten vermuten läfst, zunächst *ladrein, nodrtüre* mit sonantischem *r* ergeben. — In vielen Fällen hat die Macht der Analogie die Synkope verhindert, oder auch die Wiederherstellung des synkopierten Vokals verursacht. So stehen die Futurformen *mentirai, partirai, dormirai* etc. unter dem Einflufs der zugehörigen Infinitive *mentir, partir, dormir;* beruhen Wortformen wie *restement, büredöur, butedäre* auf Verallgemeinerung der Endungen -*amentu*. -*atore*, -*atura* resp. deren franz. Entsprechungen -*ement*, -*edour*, -*edüre :* verdanken *felonie, doluros* und zahlreiche andere Wörter die Erhaltung ihres nachnebentonigen Vokals solchen Bildungen, in denen derselbe Vokal den Hauptton trägt (*felon, dolóur*). In wieder anderen Fällen, in denen die Synkope nicht stattgefunden hat, handelt es sich um Lehnwörter, z. B. *predechier (praedicare), obedir (obedire), visiter (visitare);* afrz. auch *visder), lapider (lapidare), habiter (habitare)* und wohl auch *emperedre (imperator), pelerin (peregrinum), maledeit (maledictum), benedeit, enemi (inimicum)*. Vgl. Anhang.

Im Hiat mit folgendem Tonvokal waren nachnebentonige *i, e, u* bereits im Vulgärlatein zu den Halbvokalen *i, u* geworden, über deren weitere Schicksale beim Konsonantismus § 195 ff. zu vergleichen ist. Silbig geblieben sind *i, u* vor unmittelbar folgendem Tonvokal im Französischen in zahlreichen gelehrten Worten wie *chrestïen, ancïen, patïent, glorïóus, passïon; manüel*. Durch Ausfall von Konsonanten in intervokaler Stellung wurden zahlreiche neue Hiatverhältnisse geschaffen.

b) Die Vortonvokale im Wortanlaut.

i.

§ 85. *i* bleibt vor oralen Konsonanten und vor einfachem Nasal als *i*. Beispiele: *liberare — lierer, vivente — viv(ant), ibernu — ivern, privare — priver, mirare — mirer, filare — filer, filíolu — filluel; villanu — villain; finire — finir, limakíu — limaz, limare — limer.*

Anm. Einigemal erscheint, wenn die Tonsilbe *i* enthält, in der Vortonsilbe *e* statt *i*. Beispiele: *devin* neben *divin, demi (dimediu), fenir* neben *finir;* vielleicht gehören hierher *mesis (misisti), desis (dixisti):* schon vulgärlat. ist *rekinu* (frz. *veisin*) statt *rikinu*. Angemerkt seien ferner *premier (primariu), se (si), fübler (fibulare)* mit *ü* statt *i* in labialer Umgebung und *dreit* (vlt. *dirẹctu* oder *drẹctu*) mit Synkope des vortonigen Vokals.

§ 86. Vor gedecktem Nasal ist *i* zum Nasalvokal ī geworden (vgl. § 35, 5). Beispiel: *primu tempus — printens.*

§ 87. Mit epenthetischem *i* verschmilzt *i* zu einem einheitlichen *i*-Laut. Beispiele: *dikebant — diseient* (s. § 137). *diker(e) abet — dirat, dicture — ditier.*

e.

Es werden im folgenden ältere *ẹ* (cl. *ĭ, ē, œ*) und *ę* (cl. *ĕ, œ*) nicht geschieden, da ein Unterschied in der Entwickelung dieser Laute im Französischen nicht nachweisbar ist. Ob, wie angenommen wird, das Vulgärlatein nur *ẹ* = cl. *ĭ, ē, ę* gekannt hat, sei dahingestellt.

§ 88. *e* vor oralen Konsonanten und vor einfachem Nasal erscheint als *e*, das in freier Stellung frühzeitig die Lautung *ę* angenommen haben dürfte. Beispiele: *trẹbulu — treüt, beber(e) abet — bevrat. debere — deveir, creparè — crever, lecare — lerer, leporariu — levrier; redere — redeir, sedere — sedeir, etaticu — edage; pesare — peser; felone — felon; ferire — ferir. — Seccare — sechier, cessare — cesser: fermare — fermer, sermone — sermon, vertute — vertüt, merkede — mercit, bellitate — beltet. — Menare — mener, penare — pener, denariu — denier, venire — venir.*

Anm. Dialektisch ist *e* vor *r* in *a* übergegangen, wovon die Schriftsprache einzelne Spuren aufweist, z. B. *mercatante — marchedant, mercatu — marchiet,* die Präposition *per* (s. § 11.4) — *par,* auch in Zusammensetzungen wie *parmi, pardonner, parjurer* neben *permettre* u. a. — Auf den Einfluſs umgebender labialer Konsonanten wird *ü* statt *e* in *fümier (femariu), büreiz (bebetis)* zurückgeführt. Zu *büreiz* vgl. auch die Formenlehre. S. ebenda wegen *o* in *doüsse* u. a. — *Veracu* ergab *vrai* mit Synkope des vortonigen Vokals. — Wegen *(e)lo* etc. s. § 11, 4.

§ 89. Vor Nasal wird gedecktes *e* über *ẽ* zu *ã* (geschrieben *e*): *entrare — entrer (üntrer), envolare — embler, prender(e) abet — prendrat, temperare — temprer, tender(e) abet — tendrat;* in romanisch gedeckter Stellung *sem(u)lare — sembler, trem(u)lare — trembler. — Vor *ü* bleibt *ẽ,* z. B. *degnatis — deigniez (deĩiez).*

§ 90. Mit epenthetischem *i* verbindet sich *e* zum Diphthongen *ei.* Beispiele: *lekere — leisir, plecare —*

— 51 —

pleiier, meyctate (medirtale) — meitiet, pretiare — preisier,
precare — preiier, necare — neiier, negare — neiier, peskione —
peisson, pectorina — peitrine, vecturu — veitüre, exire —
eissir; vor Nasal entsteht ii: kenxisti — ceinsis (ceinsis),
degnitate — deintiet.

Anm. Prison (presione) ist Anbildung an pris (s. die Formenlehre). Unter dem Einfluß der stammbetonten Formen (vgl. § 50) bildete man früh prisier (pretiarei, issir (exire), issue, priier (precare), niier (negare).

a.

§ 91. Freies a vor oralen Konsonanten und vor einfachem Nasal erscheint:

1) Als a. Beispiele: Aprile — Avril, araru — aver, pavone — paon, abere — aveir, sapere — saveir, latrone — ladron, agostu (s. § 19) — äust, satollu — sadal, barone — baron, parete — pareit, farina — farine, valere — valeir; amare — amer, clamare — clamer.

2) als e: a) im sekundären Hiat zu haupttonigem ii. Beispiele: sabucu — seü, acutu — cüt (im Eigennamen Monteüf, *aguru — eür (s. § 19), maturu — madür meür, placutu — pleüt, abutu — cüt, saputu — scüt. — b) Hinter Palatalen. Beispiele: capriolu (s. § 16, 2) — chevruel, caballu — cheval, capistru — chevestre, capillos — chevels; caminu — chemin, canale — chenel.

Anm. Zu cüt, süt, plöüt etc. s. die Formenlehre. — Nach Palatal ist a geblieben in caligine — chaline, calamellu — chalämel, calere — chaleir, calore — chalour, calomnia — chalonge: catena — chadeine chaeine, catedra — cha-iere, cadere — chaeir (später cheoir). Es scheinen hiernach folgendes l und palataler Vokal auf a konservierenden Einfluß geübt zu haben. — o für a begegnet in noel (natale) neben nael, dann nach labialer Konsonanz in poon neben paon (pavone), poour neben paour und peour (pavore), poelle (patella) neben puelle, worin dialektische Abweichungen zu sehen sein dürften. Bereits galloromanisch ist notare == el. natare.

§ 92. Gedecktes a vor oralen Konsonanten bleibt a. Beispiele: lassare — lasser, battalia — bataille, baccalare — bacheler, tardicare — targier, argente — argent, salvare — salver saurer: auch hinter Palatal: castellu —

4*

chastel, carbone — charbon, castania — chastaigne, captiare — chacier.

Anm. Unerklärt ist *geline (gallina)*.

§ 93. Gedecktes *a* vor Nasal nimmt nasale Aussprache (*ã*) an, auch dann, wenn der Silbenschlufs erst in romanischer Zeit erfolgte. Beispiele: *Cantare — chanter, cantione — chanson, candela — chandeile, mantellu — mantel, manducare — mangier, annellu — annel (ãnel); san(i)tate — santet, vant(i)tare — ranter.*

§ 94. *a* vor epenthetischem *i* verbindet sich mit diesem zum Diphthongen *ai — ęi* (vgl. § 56). Beispiele: *tractare — traitier, laxare — laissier, axella — aisselle; ratione — raisun, abiatis — aiiez, adjutare — aidier, pacare — paiier; plakere — plaisir, vaskellu — vaissel.* — Vor Nasal *ãi: planxisti — plaïnsis (plaïnsis)*. — Hinter Palatal ist früh *e* für *ai* eingetreten: *jakere — *jaisir — jesir.*

Anm. Fraglich ist es, ob hierher *chaitif chetif* gehört, das man auf vlt. *cactiru* (durch Kontamination aus *coactivu* und *captiru* entstanden) zurückgeführt hat.

ǫ.

§ 95. Freies *ǫ* vor oralen Konsonanten wird über *o* zu *u*. Beispiele: *bǫtellu — budel, pǫt(e)r,e) abet — pudrat, op(e)rare — urrer, prǫbare — pruver, nǫrellu — nuvel. mǫvere — muveir, mǫlinu — mulin, cǫlore — culóur, dǫlore — dulóur, vǫlere — vuleir, sǫlere — suleir, morire — murir, cǫlóbra (s. § 20) — culuevre, cǫrǫna — curone.*

Anm. In der Schreibung wechselt *o* lange mit *u* und späterem (s. § 223) *ou*. Unter dem Einflufs der Orthographie scheint in einigen Wörtern, wie *rolontet, colonne, o* auch wieder in die Aussprache gedrungen zu sein, während in anderen Fällen wie *Norembre, olive, obeir, opinion,* es sich um Lehnwörter handelt. — Zu *peüt, pleüt* etc. s. die Formenlehre.

§ 96. Gedecktes *ǫ* vor oralen Konsonanten bleibt

1) *ǫ*. Beispiele: *fǫrtuna — fortüne, pǫrtare — porter, dǫrmire — dormir, sǫrtire — sortir, mǫrtale — mortel, cǫrnicela — corneille, ǫspitale — ostel, ǫccidere — ocidre, ǫccasione — ochaisun.*

2) wird *o* (*u*) vor *li, pi*: *despoliare* – *despoillier* (*despolier*), *molliare* — *moillier; appropiare* — *aprochier, repropiare* — *reprochier* (vgl. § 60).

Anm. Unerklärt ist *u* in *porcel* (*porkellu*), *torment* (*tormentu*).

§ 97. Vor Nasal wird *o* zum Nasalvokal *ọ̈*. Beispiele: *computare* — *conter, commiatu* — *congiet, comparare* — *comperer, commune* — *commün, somniare* — *songier; com(i)tatu* — *contet; sonare* — *soner, onore* — *onour, moneta* — *moneide*.

Anm. *ä* für *ọ̈* in den proklitisch gebrauchten *dame* (*domna*: *d. Maria* — *dame Marie*), *dam* (*domnu: Domnu Martinu* — *Dammartin*), *dans* (*domnus: dans Alexis*), ferner in *danter* (*dom(i)tare*), *dameiselle, dancel* u. a. dürfte der Mundart der Isle de France von Haus aus fremd sein. — Anzumerken ist auch proklitisches *en* neben *on* (*omo*).

§ 98. Mit epenthetischem *i* entsteht aus *o* der Diphthong *oi*, vor Nasal *ọ̈i*. Beispiele: *octobre* — *oitourre, focariu* — *foiier, locariu* — *loiier, moyolu* (*modiolu*) — *moiuel, nokere* — *noisir; cognitamente* — *cointement, acognitare* — *acointier*.

Anm. *Cüisine* wurde an *cüire* (s. § 62) angeglichen.

o.

§ 99. Freies und gedecktes *o* vor oralen Konsonanten wird *u*. In der Schreibung wechselt lange älteres *o* mit *u*, wofür später (s. § 223) *ou* eintritt. Beispiele: *sobende* — *sorent, dotare* — *duter, nodare* — *nuer, plorare* — *plurer, solakiu* — *sulaz, notrire* (cl. *nātrire*) — *nudrir: bordone* · *burdon, dob(i)tare* — *duter;* die (stets nebentonigen) Präpositionen *por* (cl. *prō*) — *pur,* wie *porcedére* — *purredeir, porprend(e)re* — *purprendre* und *sobtus* (cl. *sūbtus*) — *suz sus,* wie *sobtustrag(e)re* — *sustraire;* ferner die verbundenen Formen der persönlichen Pronomina (s. § 11. 4a): *nos* — *nus, vos* — *vus.*

Anm. Zu *oraisun, colombe, soleil* mit *o* gilt das § 95 Anm. zu *volontet, colonne* Bemerkte. Gelehrt ist *pro-* in *produire, profit* u. a.

§ 100. Freies und gedecktes *o* vor Nasal wird zum Nasalvokal *ọ̈*. Beispiele: *donare* — *doner* (*döner*); *nom(e)rare* — *nombrer, com(u)lare* — *combler, adombrare* — *adombrer, nom(i)nare* — *nommer, sommare* — *sommer.*

Anm. Satzunbetontes *non* wurde *nen* (später *ne*).

§ 101. Mit folgendem epenthetischen *i* verbindet sich *o* zum Diphthongen *oi*. woraus vor Nasal *öi* entsteht. Beispiele: *potione — poison, otiosu — oisous, frostiare — froissier, pony(e)re-abet — poindrat, ponctatu — point(üt).*

ü.

§ 102. Freies und gedecktes *ü* vor oralen Konsonanten und freies *u* vor Nasal wird *ü* (geschrieben *u*). Beispiele: *durare — durer (dürer), curatu — curet. jud(i)care — jugier, pullikella — pulcelle, munire — munir; fumare — fumer. umanu — humain.*

§ 103. Gedecktes *ü* vor Nasal ist zum Nasalvokal *ä* (geschr. *u*) geworden. z. B. *hun(e)die — hundi (ländi).* S. § 35, 5.

§ 104. Mit epenthetischem *i* entsteht der Diphthong *üi* (geschr. *ui*). Beispiele: *lukente — luis(ant), duxisti — düisis.*

au.

§ 105. Freies und gedecktes *au* vor oralen Konsonanten wird *o*. Beispiele: *pausare — poser (poser), ausare — oser. aur(e)clu — oreille, laudare — loder, audire — odir. gaudire — jodir; claustura — clostüre. — Vor Nasal *ö*: haumire (frk. *haumjan) - honir (hönir).*

§ 106. Mit epenthetischem *i* entsteht der Diphthong *öi.* Beispiele: *gaugosu (gaudiosu) — joious (džoious), ankellu — oisel, causjire (germ. kausjan) — choisir. nausiare — noisier.*

II. Konsonantismus.

§ 107. Übersicht über die Entwickelung. Aus dem Vulgärlatein hat das Französische die folgenden Konsonanten überkommen:

	Orale					Nasale
	Verschlußlaute		Spiranten		Liquide	
	stimm-lose	stimm-hafte	stimm-lose	stimm-hafte		
Labiale	*p*	*b*	*f*	*v, w*		*m*
Dentale	*t*	*d*	*s*		*l, r*	*n*
Palatale und Velare	*k*	*g*		*y*		*ŋ*

Dazu kommen der Hauchlaut *h* in germanischen Lehnwörtern und die Halbvokale *i*, *u*. Vgl. § 23—31, zu den
Palatalen auch S. 71.

Auf die Entwickelung der Konsonanten ist vornehmlich
deren lautliche Umgebung, in viel geringerem Umfange
der Accent von Einfluſs gewesen, der meist nur indirekt
insofern das Verhalten derselben beeinfluſst hat, als durch
seine Stellung der frühere oder spätere Eintritt der Synkope
vor- oder nachtoniger Vokale bedingt war. Mit Rücksicht
hierauf ist die Entwickelung der Konsonanten nach ihrer
Stellung im Anlaut, Inlaut oder Auslaut eines
Wortes zu unterscheiden.

1) Im Anlaut bleiben die Konsonanten im allgemeinen
erhalten, mit Ausnahme der Palatale vor *e*, *i* und *a*, deren
Artikulation an die Zähne verschoben wird (*ke*, *ki* — *tse*, *tsi*;
ka — *tša*; *ga* — *dže*; *ye*, *yi*, *ya* — *dže*, *dži*, *dža*). Vor *o*, *a*
bleiben auch die Palatale aufser *y*, welches auch hier *dž* ergiebt. Die palatalen Affrikaten *gue*, *kw* verlieren den Labial,
erhalten aber den Palatal unverändert.

2) Im Inlaut ist die Entwickelung verschieden in intervokalischer (*ripa*), in vorkonsonantischer (*ropta*), in
nachkonsonantischer (*talpa*) und in interkonsonantischer (*ampla*) Stellung.

In mehreren Fällen hat auch die Natur des folgenden,
seltener diejenige des vorhergehenden Vokals auf
die Entwickelung eingewirkt (z. B. *deb‚re* — *devir*, *tabone* —
tuon; *plaga* — *plaie*, *ruga* — *rüe*).

Ferner ist zu unterscheiden, ob ein ursprünglich inlautender
Konsonant oder eine inlautende Konsonantenverbindung inlautend bleiben (*nora* — *nuere*), oder im Romanischen
infolge Abfalls eines folgenden Vokals in den Auslaut
rücken (*noru* — *nuef*).

Nicht unmittelbar benachbarte gleiche Konsonanten können
sich in der Weise beeinflussen, dafs der eine derselben ausfällt
oder in einen verwandten anderen Konsonanten übergeht
(Differenzierung). So erklären sich z. B. *viande* (*vivenda*),
viaz (*vivakiu*), *geol* (*careóla*, s. § 195), vielleicht *pijon* (*pibione*
statt *pipione*; s. § 196); dann *palefreid* (*pararredu*), *pelerin*
(*peregrinu*), *flairer* (*fragrare*) u. a.; vgl. § 28, 2 zum Vulgär-

latein. — Selten ist der Fall, dafs ein Konsonant an einen
anderen, nicht unmittelbar benachbarten angeglichen wird.
Man erklärt so u. a. jüngeres schriftfrz. *cherchier* statt *cerchier*
(*cçrkarç*). Vgl. auch § 28. 2 zu vlt. *cokere* (cl. *coquere*), *cokina*
(cl. *coquina*).

a) Intervokal werden die Verschlufslaute infolge Abschwächung der artikulatorischen Energie im allgemeinen zu
stimmhaften Reibelauten:

$$p \;-\; b \;-\; v: \quad ripa \;-\; riba \;-\; rive$$
$$b \;-\; v: \qquad\quad faba \;-\; feve$$
$$k^1 \quad g^1 \;-\; {}^iy: \quad braca \;-\; braga \;-\; bra'ye$$
$$g^1 \;-\; {}^iy: \qquad\quad plaga \;-\; pla'ye$$

wahrscheinlich auch:

$$t \;-\; d \;-\; ð: \quad rita \;-\; vida \;-\; viðe$$
$$d \;-\; ð: \qquad\quad nuda \;-\; nüðe$$

unter Verschiebung der Artikulationsstelle (s. zum Anlaut):

$$k^2 \;-\; dz'\,z' \;-\; {}^iz: \quad vekinu \;-\; veizin.$$

Die so entstandenen neuen Spiranten fallen dann in der
Entwickelung mit den ihnen entsprechenden, in der Sprache
bereits vorhandenen älteren Lauten zusammen: *v* ist wie
primäres *v* in auch französisch intervokaler Stellung vor
palatalen Vokalen geblieben, vor labialen geschwunden (vgl.
§ 109); die interdentale Spirans *ð*, der ein älteres romanisches
ð nicht entspricht, ist in allen Fällen verstummt (s. § 110);
y teilt die Schicksale des vulgärlat. *y* (s. § 153) in gleicher
Stellung; *z* ist mit dem aus intervokalem lat. *s* hervorgegangenen stimmhaften linguodentalen Spiranten zusammengefallen und wie dieser in französisch intervokaler Stellung
geblieben (s. § 129).

Velares *k* (*o, u*) ist auf der Stufe der Media zusammen
mit primärem *g* (*o, u*) verstummt (s. § 148). Dasselbe Schicksal
hatten primäres und sekundäres *g¹*, wenn ihnen labialer Vokal
voranging (s. § 143, 2).

Die Liquiden und Nasalen bleiben intervokal erhalten
(s. §§ 170. 176. 184).

b) Konsonantenverbindungen sind entweder pri-
märe, d. h. schon im Vulgärlateinischen vorhandene (*sobtile*)
oder sekundäre, d. h. erst in romanischer Zeit durch Synkope eines Vokals entstanden (*sobitana*). In letzterem Falle

57 —

bleibt zunächst festzustellen, welche Veränderungen die
einzelnen zu einer Gruppe zusammentretenden Konsonanten
etwa bereits erfahren hatten, bevor die Synkope des trennenden
Vokals erfolgte. So waren die Tonsilbe anlautende *t* und *l*[1]
wahrscheinlich in *d* und *g*[1] übergegangen, bevor die nachnebentonigen Vokale (aufser *a*) fielen, während sie die letzte
Silbe in Proparoxytonis anlautend noch auf der Stufe der
Tenuis beharrten, als die Synkope des Vokals der Pänultima
eintrat, also *debita* — **debta* (frz. *dette*), *pertica* — **pertca*
(frz. *perche*), aber *sobitanu* — *sobdanu* (frz. *sudain*, *delicatu* —
delgatu (frz. *delgié*). Die hier einschlägigen Probleme gehören
zu den schwierigsten der Lautlehre und harren meist noch
endgültiger Lösung. Vgl. § 125, 2 u. sonst.

Primäre und sekundäre Konsonantenverbindungen bleiben
z. T. unverändert (vgl. z. B. § 172); meist wurden sie schon
in vorlitterarischer Zeit durch assimilatorische Vorgänge vereinfacht. Die Assimilation ist eine vollständige (z. B. *adcaptare* — *acheter*) oder teilweise
(*sem(i)ta* — *sente*) und betrifft entweder die Artikulationsstelle (vgl. die beiden eben genannten Beispiele) oder den
Artikulationsgrad (*capra* — *chievre*). Gewöhnlich ist
es der erste (aufser in der Verbindung von Muta cum Liquida
silbeschliefsende) Konsonant, der an den zweiten (aufser in
der Verbindung von Muta cum Liquida silbeanlautenden)
Konsonanten angeglichen wird (regressive Assimilation),
z. B. *labra* — *levre*, *escripta* — *escrite*, *capsa* — *chasse*,
sobtile — *sutil*, *Rotlandu* — *Rodlant* — *Rollant*, *sapidu* -
*sab(i)du — *sade*, *am(i)ta* — *ante*, *as(i)nu* — *ane*, *tibia* -
tige (*tidže*) etc. — Weit seltener hat Angleichung des zweiten
an den ersten Konsonanten stattgefunden (progressive
Assimilation), z. B. *net(i)da* — *nette*, *escamnu* — *echame*,
fem(i)na — *feme*. — Ferner kann gegenseitige Angleichung
(reciproke Assimilation) eintreten, wie sie namentlich
die aus der Umbildung der Gruppen Palat. Kons. hervor-
gehenden mouillierten Konsonanten zeigen (s. § 162).

Ein assimilatorischer Vorgang ist es auch, wenn zwischen
zwei Konsonanten als Übergangslaut ein Verschlufslaut sich
herausbildet. Im Französischen entwickelt sich ein derartiger ver-
mittelnder Konsonant zwischen *m'r*: *camera* — *chambre*, *m'l*:

— 58 —

tremulare — trembler. n'r: teneru — tendre. l'r: mólere — moldre, z'r: cozere — cuzdre, s'r: essere - estre, š'r: paskere — *paišre - paistre, n'r: planyere — *planère — plaindre; lv'r. mv'l sind über *lr, ml* zu *ldr, mbl* geworden: *polvere — polre — poldre, emvolare — emler — embler.* — Ein konsonantischer Übergangslaut ist ferner eingetreten vor auslautendem *s* nach *nn, ń, l: annus — an's* (geschr. *anz*). *pugnus — poin's* (geschr. *poinz*). *genoclos — genyl's (genulz)*. Lateinische Doppelkonsonanten werden mit Ausnahme von *rr* bereits vor Ablauf unserer Periode vereinfacht. Dieser Vorgang ist jünger als die Diphthongierung der Vokale in offener Tonsilbe und jünger als die S. 56 erwähnten Übergänge ursprünglicher einfacher Konsonanten in intervokaler Stellung, da vor den vereinfachten Geminaten weder Tondiphthongierung sich zeigt, noch auch dieselben an der erwähnten Lautabstufung teilnehmen. z. B. *cappa — chape* (s. § 111). *mettet — metet* (s. § 120). *messa — messe* (s. § 130). *bocca — buche* (s. § 145. 2), *bella — bele* (s. § 177). *flamma — flame* (s. § 185) etc.

3) Der Auslaut eines Wortes steht unter verschiedenen Entwickelungsbedingungen, je nachdem dasselbe im Zusammenhange der gesprochenen Rede vor vokalisch oder konsonantisch anlautendes folgendes Wort oder in Pausa zu stehen kommt (vgl. § 11. 4). Unter diesem Gesichtspunkt findet jedenfalls ein Teil der divergierenden Entwickelungsformen, welche in mehreren Fällen die Konsonanten im lateinischen oder romanischen Auslaut zeigen, seine Erklärung, wenn auch eine zuverlässige Beurteilung und Umgrenzung aller hier einschlägigen satzphonetischen Erscheinungen zur Zeit noch als nicht möglich sich erweist. So ist wahrscheinlich anzusetzen *vivu) Kons. Pausa — vif,* aber *clavu Vok. — clóu; capu —* **carvu) Kons. Pausa — chief,* aber *Andegavu Vok. — Anjou* etc. (s. § 109). Vgl. ferner § 148. 2.

A. Die oralen Konsonanten.

1. Verschlufslaute und Spiranten.

a. Labiale.

1) Anlaut.

§ 108. Im Anlaut bleiben alle Labiale erhalten, vor Vokal wie vor Liquida (*l, r*). Beispiele: *bonu — bon, buro — bor, pare — per, ponte — pont, rivore — rirre, redere — redeir, fame — faim, fide feit; brere — brief, blasfemare* (βλασφημεῖν, s. § 30, 3) — *blasmer, probare — pruver, plakere — plaisir, frenu — frein, flore — flour.*

Anm. 1. *Brebiz* geht auf vlt. *berbike* (cl. *rerrecem*: vgl. § 12, 3 b), *boiste* auf vlt. *boxida* (cl. *pyxis*, gr. πυξίς) zurück, für die eine völlig befriedigende Erklärung fehlt. Dasselbe gilt von frz. *feiz* = vlt. *vece* (cl. *ricem*) und *friede* = vlt. *recata*. Zu *gaster, gupil* u. a. s. § 12, 5. zu jüngerem *hors (foris)* § 110.

Anm. 2. Die Lehnwörter aus dem Griechischen, welche mit *ps, pn* beginnen, verlieren das anlautende *p*, z. B. *saltier sautier (psalterium,* gr. ψαλτήριον), *salme samme (psalmu,* gr. ψαλμός), *neume* (πνεῦμα).

2) Inlaut.

a) Intervokal.

§ 109. Intervokal werden die Verschlufslaute *p, b* zum stimmhaften Reibelaut *v,* mit dem ursprünglichen lateinischen intervokalischen *v* in der weiteren Entwickelung zusammenfällt:

1) In auch französisch intervokalischer Stellung ist *v*: (a) geblieben vor den palatalen Vokalen *a, e, i;* (b) geschwunden vor den labialen Vokalen *o, u.* Beispiele: a) *capellu — chevel, capestru — chevestre, crepare — crever, trepaliu — travail, ripa — rive, kepa — cive; debere — deveir, iberna — hivern, caballu — cheval, abante — avant, taberna — taverne, faba — feve; levame — levain, avaru — aver, grevare — grever, vivat — rivet, levat — lievet.* Auch wenn labialer Vokal vorhergeht: *propagine — provain, coperclu — cuvercle, copertu* (vgl. § 22) — *cuvert, cupa — cuve, lupa — louve; cobare — cuver, sobende — suvent, gobernat — guvernet, probare — pruver; movere — muveir, novellu — nuvel, bovariu — buvier, movent — muvent.*

b) *saputu - seüļ: tabone — taon* (vgl. § 12,3). *viborna — viorne, trebutu — treüļ, debutu — deüļ, sabueu — seü; parone — paon, parore — paour.*

Anm. Ob auch vor vortonigem labialen Vokal *v* ausfällt, darf fraglich erscheinen. In *sonder, sombrer* kann, falls diese Wörter überhaupt auf *sobondare* (*subundare*) und *sobombrare* (*submmbrare*) zurückgehen, Angleichung an die stammbetonten Formen stattgefunden haben. Proklitisches *apud* ist über **a(r)ud* zu *od* geworden, während in *ap(ud) oc — avuec p* nach Abfall der Endung an der Grenze der beiden Kompositionselemente als *r* blieb. — Mundartlich ist Assimilation des labialen Konsonanten auch an vorhergehenden labialen Vokal eingetreten, worin spätere schriftfranzösische *ocille ouaille* (*oręcla*). *lüctte* (von *ura, s. § 12, 4b) und vielleicht auch *nüe* (*nnb(a*) ihre Erklärung finden. — Wegen *riande, riaz, -eie* (*-ebam*) s. § 107, 2 und die Formenlehre. — Lehnwörter sind *chapitre* (*capitulum*), *epistre* (*epistola*), *pape* (*papa*), *glebe* (*gleba*), *habile* (*habilem*), *abeille* (= prov. *abelha; apięla*) etc.: ferner *rapour* (*raporem*). *labour* (*laborem*), *robuste* (*robustum*), *ivoire* (*eboreum*), *ciroire* (*ciboreum; zιβώριον*), *favour* (*favorem*) etc.: wohl auch *nevoųļ* (*nepotem*), *savon* (*saponem*), *savour* (*saporem*).

2) In dem Wortausgang *-vu -vo* hat das die Nachtonsilbe anlautende *v* eine doppelte Entwickelung erfahren (s. § 107, 3), indem hier entweder (a) der Nachtonvokal abfiel, worauf *v* im französischen Auslaut unter Verlust des Stimmtons zu *f* wurde, oder (b) der labiale Konsonant verloren ging, während der Nachtonvokal mit dem vorhergehenden Tonvokal sich verbunden hat. Beispiele: a) *capu — *caru — chief, napu — nef. vivu — vif, tardivu — tardif, probo — pruef, ovu — nef. novu — nuef.* b) *lupu* (cl. *lupum*) — **lovu — lou, claru — clou* (vgl. § 57), *Andegavu — Anjou, Pęctavu — Peitou, seru — sicu* (s. § 51).

3) In dem Wortausgang *-ve* ist *v* nach Abfall des nachtonigen Vokals in den französischen Auslaut getreten und hier stimmlos (*f*) geworden. Beispiele: *nave — nef, clave — clef, soave — suef, breve — brief, nęre — neif. bove — buef. nove — nuef; bębe* (cl. *bibe*) — *beif; sępe — seif.*

§ 110. Intervokales *f* begegnet fast ausschließlich in Zusammensetzungen und scheint hier, falls die Kompositionselemente nicht mehr als solche empfunden wurden, vor labialem Vokal in Übereinstimmung mit der Entwickelung

des intervokalen *e* geschwunden zu sein. Beispiele: *deforis* —
deors (geschr. *dehors* mit etymologisch nicht berechtigtem
stummen *h*) neben *defors*, *refusare* — *reüser(?)*.

Anm. An *dehors* wurde später *hors* angeglichen, das bereits
im Altfrz. häufig neben *fors*, *fuers (foris)* begegnet. Beachte noch
escruelle (escrofella; cl. *scrofulae*) mit Ausfall des *f* nach labialem
Vokal.

b) Vor Konsonant.

§ 111. Doppelter Labial wird als einfacher Labial
erhalten. Beispiele: *cappa* — *chape*, *coppa* — *cupe*; *sappinu* —
sapin, *abbate* — *abet*; im franz. Auslaut: *drappu* - *drap*,
ceppu — *cep*.

§ 112. Vor *r* Vok. werden die Verschlußlaute *b*, *p* zur
stimmhaften Spirans *c*; die Spirans *v* bleibt. Beispiele: — *br* —:
libra — *livre*, *labru* — *levre*, *fabru* — *fevre*, *febre* — *fievre*,
colobra (s. § 20) — *culuevre*, *octobre* — *oitouvre*: *Febrariu* —
Fevrier. — *b'r* —: *robur* — *rouvre*; *liberare* — *livrer*. — *pr* —:
capra — *chievre*; *Aprile* — *Arril*. — *p'r* —: *papere* — *peivre*,
opera — *uevre*, *paupere* — *porre*, *lepore* — *lievre*; *seperare* —
sevrer, *leporariu* — *levrier*, *operariu* — *uvrier*, *operare* — *uvrer*,
peperata — *pevrede*. — *v'r* —: *vivere* — *vivre*. Gleiche Behandlung erfährt die Gruppe Lab. *rj*, z. B. *ebriu* — *ivre*,
copriu — *cüivre*.

Anm. *Escrire* und *beire* für ursprüngliche *escrivre (escribere)*
und *bevre (bibere)* sind spätere Analogiebildungen zu *dire*,
lire, *creire* etc. (s. die Formenlehre). — *Fabrica* ist über *farrega*,
fuerga zu *faurga (forge)* geworden, indem hier die Lautfolge
ri'g eine abweichende Entwickelung bedingte. Vgl. damit *esculurget*
(excolobricat), *tenerge (tenebricu)*. — Satzunbetonte *sopra*, *soper*
erscheinen früh als *sor(e)*, *sur(e)*. — Lehnwörter sind u. a.
libre (liberum), *teniebres (tenebras*, s. § 16, 1), *celebre*, *liepre*, *Octobre*,
auch *aurone (abrotonum*, gr. ἀβρότονον) und, mit singulärem Übergang von *v'r* in *fr*, *palefreit* (spätlt. *parareredus* = παρά ρ'red-),
ferner *propre (proprium)*, *sobre (sobrium)*.

§ 113. *pl* wird *bl*; *bl* bleibt unverändert. Beispiele:
[—pl —: *doplu* — *duble*, *treplu* — *treble]*; — *p'l* —: *pop(u)lu* —
pueble, *stop(u)lu* — *estouble*; — *b'l* —: *eb(u)lu* — *hieble*, *mob(i)le* —
mueble, *neb(u)la* — *nieble*, *nub(i)le* — *nüble*, *trib(u)lare* — *tribler*,
sab(u)lone - *sablon*, *adfib(u)lare* — *affübler*.

Anm. Lehnwörter sind *cuple (copula)*, *pueple (populum)*,
vielleicht auch, aber einer älteren Schicht angehörend, die

genannten *duble*, *treble*. — Dialektisch hat sich sekundäres und primäres *bl* zu *vl* — *ul* weiter entwickelt, daher altfrz. *triuler* (*tribulare*), *nieule* (*nebula*), *peule* (*populu*) u. a. — *Manoil*. *escueil* weisen auf ältere unerklärte *manochi*, *escoclu* statt *manoplu* (cl. *manipulus*), *escoplu* (cl. *scöpulus*, gr. σχόπελος). — *sifler* entspricht vulgärlateinischem *sifilare* (cl. *sibilare*), für das altitalische Lautgebung angenommen wird. — Wegen *tole*, *parole* s. § 19.

§ 114. An andere Konsonanten als *r*, *l* ist vollständige Assimilation des vorhergehenden Labials eingetreten: Beispiele: a) die Verbindung Lab. + Kons. bestand bereits im Lateinischen: *ropta — rute*, *escripta — escrite*, *accaptare — acheter*, *septembre — setembre*, *septe — set*, *escriptu — escrit*, *roptu — rut; capsa — chasse*, *nek̦pse — neïs*, *escripsi — escris*, *metepsimu — medesme; sobtile — sutil*, *sobtus — suz* (*suts*); *absolvere — assoldre*, *obscuru — oscür*, *abstenere — astenir*).

b) Sekundäre Verbindungen: *capitellu — chadel*, *tepidu — tiede*, *rapidu — rade*, *sapidu — sade*, *sapit — set*: *apis — es*, *opus — oes; sobitanu — sudain*, *sobitamente — sudement*, *adcobiture — accuder*, *debita — dette*, *dobitat — dutet*, *bebit — *beirit beit*, *debet — deit; abes — as* (s. § 11. 4a): *movita — muete*, *rivit — rit; rivis — ris*, *brevis — bries; navikella — nacelle; jovene — juevne*, *juene* (vgl. § 192), *Stephanu — Estienne* (vgl. § 192), *antiphona* (gr. αντίφωνος) — *antienne* (vgl. § 192).

Anm. Über die Entwickelung der dentalen Verschlußlaute in der Verbindung LD s. § 125. — Zu *chetif* vgl. § 94 Anm. — *Cuisse* (*capsa*) ist Lehnwort aus dem Provenzalischen. Schriftlateinischen Einfluß verraten *captif*, *sceptre*, *precepte*, *obscür*, *Egipte* u. a., woneben *scetre*. *Egite* etc. vorkommen.

c) Nach Konsonant.

§ 115. In französisch intervokalischer Stellung bleiben in der Gruppe Kons. + Lab. die Labiale unverändert. Beispiele: *erba — erbe*, *barba — barbe*, *torba — turbe*, *alba — albe aube* (s. § 178), *ambas — ambes*, *gamba — jambe*, *tomba — tombe; culpa — culpe*, *talpa — talpe taupe; arva — arve*, *selva — selve*. *Carbone — charbon*, *alborni — albürn auburn*, *corbecla — corbeille; serpente — serpent*. **palpetra — palpiere paupiere; cervike — cerviz*, *scrvire — servir*. *salvare — salvar sauver; enfernu — enfern*, *enfante — enfant*.

Anm. In mehreren Fällen, die noch weiterer Aufhellung bedürfen, wechseln *v* und *b*. *Curber*. *brebiz*. *cervel* gehen auf bereits vlt. *corbare* (neben *corrare*: cl. *currare*), *berbike* (cl. *rarecem*; vgl. § 12, 3 b), *correllu* (cl. *cerebellum*) zurück. In frz. *verreine* (*rerbena*), *rerre* (*verba*) scheint Assimilation des inlautenden Konsonanten an den Wortanlaut vorzuliegen. Dasselbe gilt von *rervel* (*vertebéllu*; zu cl. *vertibulum*), wenn nicht hier, wie für *correis* (*cordabese*), *eulrert* (*collibertu*), die Annahme näher liegt, dafs *b* in intervokaler Stellung (s. § 109) zu *r* geworden war, bevor die Synkope des nachnebentonigen Vokals eintrat. Beachte noch *arreire* (*arbetriu*).

§ 116. Im französischen Auslaut schwindet *p* nach Kons. + *k*, in allen anderen Fällen bleibt es; *b* wird *p*, *v* mit Verlust des Stimmtons *f*. Beispiele: *prinkipe* — *prinec*, *epescopu* — *evesque* (frühes Lehnwort): *colpu* (s. § 21) — *colp*, *crespu* — *cresp*, *campu* — *champ*; *orbu* — *orp*, *corbu* (cl. *corrum*; vgl. § 115 Anm.) — *corp* neben *corvu* — *corf*; *serru* — *serf*, *cervu* — *cerf*, *nervu* — *nerf*, *salvu* — *salf* *sauf*, *calvu* — *chalf* *chauf*.

Anm. In *orb*, *corb* etc. neben *orp*, *corp* ist *b* etymologische Schreibung, oder es repräsentiert die lautliche Entwickelung vor vokalisch anlautendem Worte (s. § 107, 3). Lehnwörter sind u. a. *Jaque* *Jacme* (*Jacobum*), *chanvre* (*cannabim*).

d) In interkonsonantischer Stellung.

§ 117. Zwischen Konsonanten bleiben (a) die labialen Verschlufslaute und *f* vor *r* und *l*; in allen anderen Fällen (b) schwinden die Labiale.

Beispiele: a) *asperu* — *aspre*, *semper* — *sempre*, *rompere* — *rompre*, *membru* — *membre*, *ombra* — *ombre*, *arbore* — *arbre*, *amplu* — *ample*, *nespilu* (cl. *mespilum*) — *nesple*, *ambulare* — *ambler*; *solfur* — *sulfre*, *inflo* — *enfle*.

b) *involare* — *emv(o)lare* — *emler* — *embler* (vgl. § 107, 2), *solvere* — *solre* — *soldre* (vgl. § 107, 2 b), *polvere* — *polre* — *puldre*; *corpus* — *cors*, *servus* — *sers*, *cervus* — *cers*, *ospite* — *oste*, *computu* — *conte*, *presbiter* — *prestre*, *computare* — *conter*, *ospitale* — *ostel*; *gálbinu* — *jalne* *jaune*, *carpinu* — *charne* (vgl. § 192); *irpeke* — *(h)erce*, *fórfike* — *force*, *cloppicare* — *clochier*.

Anm. Lehnwörter sind *timbre* (*tympanum*), *pampre* (*pampinum*), ferner *assomption* u. a. (vgl. § 192 u. 197). Unerklärt ist späteres schriftfranz. *nefle* statt *ne(s)ple*.

b. Dentale.

α) Die Verschlufslaute.

1) Anlaut.

§ 118. Im Anlaut erhalten sich die dentalen Verschlufslaute vor Vokal wie vor Liquida. Beispiele: *deke — dis,
duru — dür, dolere — duleir, tale — tel, tenere — ten(ir),
torre — tur; drappu — drap, druta* (germ.) — *drüðe, tragere*
(cl. *trahere) — traire, tres — treis, tremulare — trembler.*
Anm. Wegen *criem* von lat. *tremo*. Inf. *criembre* etc., vgl.
§ 12, 5.

2) Inlaut.

a) Intervokal.

§ 119. Intervokal wird der stimmlose Verschlufslaut
(*t*) stimmhaft (*d*); dieses *d* sowie vlt. *d* erhalten sich (vermut-
lich als *ð*) bis gegen Ende des XI. Jahrhunderts, dann verstummen sie. Beispiele: *espatu — espeðe, presentatu — presen-
teðe, retare — reðer, rotondu — rodond; reðere — reðeir,
laudare — loðer.*

2) Auch wenn intervokalisches sekundäres oder primäres
d in den französischen Auslaut tritt, ist es (nachdem es in
Pausa und vor stimmlosen Konsonanten stimmlos geworden),
etwa seit dem Ausgang des XI. Jahrhunderts, verstummt. Beispiele: *nudu — nüð* und *nüt, nodu — noud nout, amatu —
amedu — amed amat, natu — nedu — ned net, sete — seüe —
seið seit, vertute — rertude — vertüd vertüt.*

Anm. Die Schreibungen *th* in älteren französischen und *ð,
þ* in mittelenglischen Texten lassen vermuten, dafs in beiden
unter 1) und 2) genannten Fällen der dentale Verschlufslaut,
bevor er verstummte, zur interdentalen Spirans geworden war.
Beispiele: Alexius (Hdschr. L) *nustrethe, espethe, mandithe, con-
trethe* (Str. XV), *espusethe* (Str. XXI, 2), *dunethe* (XXIV, 3);
caritep Orm, *plenteð* Gen. u. Exod., *natiriteð* Chron., *feið* Gen. u.
Exod. noch ne. *faith)* etc. —

Für lat. *d* und für *d* (*ð*) in Lehnwörtern aus dem Germanischen
begegnet im Altfranzösischen auch *f*, für dessen Auftreten die
näheren Bedingungen noch nicht gefunden sind, z. B. *mæf (modu),
blef (bladu?), bief* (germ. *bed), aluef* (germ. *alod), fief (feod), -buef
(-bodo)* in Eigennamen wie *Marbuef, Elbuef* etc. — Wegen späterem
soif (sete) s. § 12, 1. — Franz. *tut* entspricht vulgärlateinischem
totu, das aus der Doppelung **tot-t(ot)u* erklärt wird. — Gelehrt

sind *prophete, paterne, metal, odour, devot, dot* und zahlreiche andere
Wörter mit erhaltenem Dental.

b) Vor Konsonant.

§ 120. Doppelter Dental bleibt als einfacher
Dental erhalten. Beispiele: a) in lateinisch und französisch
intervokaler Stellung: *addentes — adenz, addesare* (cl. ad -
densare) — adeser; mettat — metet, Suffix *-etta — -ete* wie
brunetta — brünete, gotta — gute, totta (s. § 119 Anm.) — *tute.*
In etymologischer Schreibung begegnet neben *d. t* intervokalisch auch *dd, tt.* — b) Im sekundären (franz.) Auslaut:
metto — met, cattu — chat, tottu — tut. — c) vor *r: mettere —
metre, battere* (s. § 22. 4) — *batre.*

2) Die sekundären Verbindungen *t'd, d't* und *t't*
(vgl. § 79. 1d) ergeben im französischen Inlaut und Auslaut *t.*
Beispiele: *net(i)da — nette nete, put(i)da — pütte püte, cred(i)-
tate — credet. mat(u)tinu — matin; ped(i)tu — pet, net(i)da —
net, sedet — siet, laudet — lot. ridet — rit.*

§ 121. Intervokalisches *tr* wird zu *dr,* das sich mit
ursprünglichem *dr* seit Ausgang unserer Periode (wahrscheinlich über *ðr*) zu *rr, r* entwickelt hat. Beispiele: *patre
pedre, aratru — aredre, petra — piedre, latrone — ladron,
notrire — nudrir; catedra* (s. § 16) — *chadiedre.* Ebenso die
sekundären Verbindungen *t'r, d'r: imperator — emperedre* (vgl.
§ 84 Anm.), *iterare — edrer; credere — creidre, occidere —
occidre. claudere — clodre.*

Anm. In Lehnwörtern bleibt der Dental vor *r.* z. B.
patron (cl. *patronum*), *cedre* (cl. *cedrus.* gr. κέδρος).

§ 122. Für intervokalisches *tl, dl* war bereits im
Vulgärlatein (s. § 27) *kl, gl* eingetreten, über deren weitere
Entwickelung § 163 zu vergleichen ist. Wo in später in die
Volkssprache aufgenommenen Wörtern *tl, dl* jenen älteren
Lautwandel nicht mitgemacht haben, ist *tl* zu *dl* und dieses
mit primärem *dl* unter Assimilation des Verschlußlautes an
die Liquida zu *ll, l* geworden. Beispiele: *corrot(u)lare —
crodler — cruller, Rodlandu — Rodlant — Rollant, spat(u)la —
espadle — espalle espaule, rot(u)lu — rodlu — role.*

Anm. In einer jüngeren Lehnwortschicht ist *tr* für
tl eingetreten, z. B. *titre* (cl. *titulum*), *chapitre* (cl. *capitulum*),
woneben *tille. capille* begegnen.

§ 123. Folgendem *n*, *m* haben sich *t*, *d* assimiliert. Durchgangsstufe scheint vor *n s* gewesen zu sein. Beispiele: *ret(i)na — resne — rene*, *Rhod(a)nu — Rosne — Rone*, *plat(a)na* (cl. *platanus; gr. πλάταρος) — plane; admirare — ammirer.* Anm. Die Endung *-üme* in franz. *costüme*, *amertüme* etc. geht nicht auf lat. *-udine*, sondern auf vlt. *-umine* zurück, das nach dem Ausgang von *homine*, *femina* u. a. gebildet wurde. — Gelehrt sind *admirer*, *admonicion* u. a.

§ 124. Treten *t*, *d* nach Synkope eines unbetonten Vokals vor *s*, so bleibt der stimmlose dentale Verschlußlaut in unserer Periode; der stimmhafte wird stimmlos. In der Schrift wird *ts* durch das Zeichen *z* dargestellt. Beispiele: *vitis — viz, latus — lez, amatis — amez; audis — oz, v(dis — veiz.*

Anm. Älteres *ds* war schon in vorromanischer Zeit zu *ss* geworden, z. B. *adsatis — assatis* (frz. *assez*), *adsalire — assalire* (frz. *assalir*). Zur Gruppe Dental + Palatal s. § 140. 146. 151.

c) Nach Konsonant.

§ 125. Nach allen Konsonanten bleiben, abgesehen von dem Wechsel zwischen stimmhaftem und stimmlosem Laut, die dentalen Verschlußlaute erhalten. Keinen Unterschied macht es, ob der dem Dental vorangehende Konsonant geblieben ist oder spätere Umbildung erfuhr.

1) In lateinischen Verbindungen, die im Französischen inlautend bleiben, bleibt der stimmhafte Dental stimmhaft, der stimmlose stimmlos. Beispiele: *ardere — ardeir, tardare — tarder, caldaria — chaldiere chaudiere, mondare,* (cl. *mundare) — monder; Alda — Alde Aude, onda — onde. — partire — partir, coltella — cultel, mentone — menton, sobtile — sutil, octanta — oitante, vestire — vestir; porta — porte, alta — halte haute, menta — mente, escripta — escrite, estr(cta — estreite, festa — feste.*

Anm. Wegen *manjüent (manducant), respondcnt (respondent), prenons* u. a. s. die Formenlehre.

2) In sekundären Verbindungen, die im Französischen inlautend bleiben, wechseln stimmhafter und stimmloser dentaler Verschlußlaut. Die einzelnen hier einschlägigen Fälle bedürfen noch näherer Untersuchung. Im allgemeinen scheint zu gelten:

a) *d* bleibt stimmhaft nach gallorom. stimmhafter, wird stimmlos (*t*) nach stimmloser Konsonanz; z. B. *sapidu* — **sabidu* — *sade, tepidu* — **tiebidu* — *tiede, tepida* — *tiede, rapidu* — **rabidu* — *rade; solidare* — *solder, Verodunu* — *Verdün; flakkidu* — *flaist(r)e, mokkidu* — *moiste, netidu* — *nette, putida* — *püte.*

b) *t* bleibt stimmlos, wenn es in Proparoxytonis nach Ausfall des Vokals der Pänultima mit vorhergehendem Konsonanten zusammentrifft, z. B. *amita* — *ante, semita* — *sente, comite* — *conte* (vgl. § 79, 2 b), *fremitu* — *friente, debita* — *dette, bebita* — *bette, (terra)movita* — *(terre)muete, ospite* — *oste, computu* — *conte, explekitat* - *espleitet, fugita* — *füite, perdita* — *perte, rendita* — *vente.*

c) *t* wird *d,* wenn es, im Anlaut der Tonsilbe stehend, mit einem die Vortonsilbe anlautenden gallorom. stimmhaften Konsonanten nach Ausfall des Zwischenvokals sich verbindet, z. B. **capitellat* — **cabidellat* — *chadellet, sobitanu* — *sudain, adeobitare* — *accuder, plakitare* — **plagidare* — *plaidier, cogitare* — *coidier, adjutare* — *aidier.*

Anm. Das verschiedene Verhalten des Dentals in den genannten Fällen findet in der relativen Lautchronologie seine Erklärung. In *sapidu* etc. war *p* zu *b* geworden, bevor der Vokal der Pänultima fiel, während in *netida, putida* u. a. die Synkope des Vokals der konsonantischen Lautabstufung vorausliegt (vgl. § 57). In den unter b) genannten Wörtern ist die Synkope früher, in den unter d) genannten später erfolgt, als der Übergang von intervokalischem *t* in *d.* — Sehr zahlreiche Wörter zeigen eine von der unter 2 a—c angenommenen abweichende Entwickelung. Als Analogiebildungen lassen sich u. a. erklären *detteur* (*debitôre;* nach *detre* = *debitor* und *dette* = *debita* ; *ranter* (*vanitare;* nach den stammbetonten Formen des Präsens: *rantet* = *vanitat* etc.), ebenso *duter* (*dobitare*), *accuter* neben *accuder* (*adeobitare*), *donter* (*domitare*), *espleitier* (*explekitare*); *contet* (*comitatu;* nach *conte* = *comite*). *sentier* (*semitariu;* nach *sente* = *semita*). *lintel* (**limitale;* nach *linte* = *limite*), *ostel* (*ospitale;* nach *oste* = *ospite*); *bellet* (*bellitate*). *santet* (*sanitate*), *plentet* (*plenitate*), nach *libertet, volontet* u. a.; *dortoir* (*dormitoriu*) nach *euretoir. Citet* entspricht älterem *cirtate* mit gemeinromanischer Synkope und zeigt daher die Entwickelung der § 125, 1 genannten Wörter. Vgl. noch *ereditate* — *eritet, matutinu* — *matin* (s. § 120, 2) mit ebenfalls früher Synkope. Zu *ave, pave, rance, ane, t(i)eve, pale* s. § 76 Anm. Unerklärt bleiben *malade* (*male abitu*) neben *ale* (*abitu*), *cheiel* (*capitale*) u. a.

5 *

— 68 —

3) Im französischen Auslaut bleibt der stimmlose Laut (*t*) unverändert, der stimmhafte (*d*) wird stimmlos. Beispiele: *fronte — front, sorte — sort, depostu* (s. § 21) — *depost, septe — set, sanctu — saint, deyitu — deit, vokitu — vüit, caldu* (s. § 21) — *chalt chaut, sordu — surt, tardu — tart, lardu* (s. § 21) — *lart, verde* (s. § 21) — *vert, fregdu* (s. § 21) — *freit, plakidu — plait.*

Anm. Wegen *-as = -asti* etc. in der 2. Person Sing. Perf. s. die Formenlehre.

d) In interkonsonantischer Stellung.

§ 126. Der Dental bleibt (a) erhalten vor *r* und *s*, in anderen Fällen hat sich derselbe (b) früh seiner Umgebung assimiliert.

Beispiele: a) *fenestra — fenestre, ultra — ultre, entro — entre; contrata — contrede, ostria — üistre* (vgl. § 62); *pesturire — pestrir, pectorina — peitrine; tondere — tondre, fendere — fendre, tendere — tendre, perdere — perdre, mordere — mordre; entus — enz (z = ts), fortis — forz, partis — parz, ostes — oz* (s. § 131), *ekkestos* (cl. *ecce istos*) — *icez*.

b) *ustulare — üsler, doctile — duille, pectine — peigne* (*pivie*), *ordine — orne, perdita — perte; estimare — esmer, testimoniu — tesmoin, montikellu — moncel, fortimente — forment, artemesia — armeise, septimana — semaine.*

Anm. Wegen vlt. *scl = stl* s. § 27. Mit *ustulare — üsler* läfst sich vergleichen *pesle* (*pest'la*; cl. *pessulum*) und *fesle*, wenn es auf *festula* (cl. *fistula*) zurückzuführen ist. In dem frühen Lehnwort *apostle, apostre* (gr. ἀπόστολος) ist der dentale Verschlufslaut geblieben. Ebenso in afrz. *festle, festre* (*fistula*). — Altfrz. *selme* neben *seme* (*septimu*) steht unter dem Einflufs von *set* (*septe*).

3) Auslaut.

§ 127. Im lateinischen Auslaut sind *d, t* analog der Entwickelung der sekundär auslautenden *d, t* (s. § 119, 2) verschieden behandelt worden, je nachdem ihnen Vokal oder Konsonant voranging:

1) Nach Vokal sind *d, t* seit Ausgang des XI. Jahrhunderts (in proklitisch gebrauchten Wörtern z. T. früher) verstummt. Als Durchgangslaute lassen sich auch hier *ð þ* annehmen. Beispiele: *ad — ad, qued — qued queid, apud — od*

(vgl. § 109 Anm.), *et — et*, *amat — aimet*, *clamat — claimet*, *virat — viret*, *perdat — perdet*.

2) Nach Konsonant ist *t* geblieben. Keinen Unterschied macht es, ob der dem auslautenden Dental vorangehende Konsonant später geschwunden ist, und ob die Verbindung Kons. + *t* bereits im Lateinischen vorhanden war oder erst im Romanischen gebildet wurde. Beispiele: *redit —* **reid(i)t — reit, credit — creit, sapit — set, valet — valt* (s. § 52 Anm. 1) *raut; amet — aint, dormit — dort, perdit — pert, plaket — plaist, fakit — *faist fait* (s. § 138), *duxit — düist; amant — aiment, perdunt — perdent, viderunt — vidrent, amasset — amast.*

Anm. In *at (habet)* und den damit gebildeten Formen der 3. Sing. des Futurums *amerat* etc., ferner in den Perfektausgängen *-it (-irit)*, *-at (-arit)*, *-it (-edit)*, *-üt*, z. B. *finit, amat, perdiet (perdedit), düt (debuit)* auch *füt (fuit)* zeigt *t* abweichendes oder schwankendes Verhalten, wofür der Grund in flexivischen und syntaktischen Verhältnissen zu suchen ist.

3) Die Sibilanten.

1) **Anlaut.**

§ 128. Im Anlaut bleibt der stimmlose Sibilant. Beispiele: *sanu — sain, seta — seide, servire — servir, sapere — savcir, securu — seür.*

Anm. Wegen s + Kons. s. § 29 u. 11. 4 b.

2) **Inlaut.**

a) **Intervokal.**

§ 129. 1) Im Inlaut wird intervokales s stimmhaft (z). In der Schrift bleibt *s*. Beispiele: *remasa* (cl. *remansa*, s. § 25) *— remese, pausare — poser, rasare — raser, mesellu — mesel.*

2) Im französischen Auslaut ist *s* in Pausa und vor konsonantischem Anlaut stimmlos. Beispiele: *risu — ris, remasu — remes, nasu — nes, pesu — peis, usu — üs.*

Anm. Wenn ursprünglich wortanlautendes *s* in Zusammensetzungen wie *dessure (de sopra), dessuz (de soptus)* erst im Französischen inlautend wurde, blieb es stimmlos.

b) **Vor Konsonant.**

§ 130. Geminiertes *s* bleibt als einfaches stimmloses s erhalten. In der Schreibung bleibt (a) *ss* in französisch intervokaler Stellung; im französischen Auslaut tritt dafür (b) *s* ein. Beispiele: a) *mẹssa* (cl. *missa*) — *messe, massa* — *masse, pressare* — *presser*. b) *passu* — *pas, grassu* — *gras, ossu* -- *os, pressu* — *pres*.

§ 131. Vor stimmlosen Verschlufslauten bleibt *s* während unserer Periode aufser in der Verbindung *sts* erhalten. Beispiele: *crẹspu* — *cresp, asperu* — *aspre, respondere* — *respondre, oste* — *ost, festa* — *feste, espine (spīna, s. § 29) etc. — *sts* wurde unter Verlust des vorkonsonantischen *s* früh zu *ts* (geschr. *z*, s. § 126) vereinfacht, z. B. *ostes* — *oz, ekkẹstos* (cl. *ecce istos*) — *icez*.

§ 132. Folgt *l, n, m,* so ist *s,* nachdem es vorher stimmhaft geworden war, vor Ablauf des XI. Jahrhunderts verstummt. In der Schrift ist es hier auch später meist geblieben. Beispiele: *as(i)na* — *asne (ane), eleemós(y)na (gr. ἐλεημοσύνη) — almosne, pẹs(i)le* (cl. *pensile,* vgl. § 25) -- *peisle, is(o)la* (s. § 25) — *isle;* dieselbe Behandlung erfuhr *s* in gleicher Stellung, wenn ihm ursprünglich ein anderer Konsonant vorausging oder unmittelbar folgte, z. B. *metẹps(i)na* — *medesne, mascla* — *masle, frax(i)na* — *fraisne, blasph(e)mo (gr. βλασφημέω) — blasme, Ax(o)na — Aisne.* ferner *s* in *masionata* — *maisnede, araisnier (adrationare), asaisnier (adsationare)*.

2) Wie vor *l, n, m* wurde wahrscheinlich *s* vor den Spiranten *j, v, f* und den stimmhaften Explosiven *b, d, g* behandelt, z. B. in *dẹsjejunare* — *desjeüner, exfortiare* — *esforcier, dẹsdẹgnare* — *desdeignier, exgrumare* — *esgrümer.*

§ 133. Folgt *r,* so entsteht als Übergangslaut nach *s* der stimmlose, nach *z* der stimmhafte dentale Verschlufslaut. In den so gebildeten Gruppen *str* und *zdr* (geschr. *sdr*) werden *s* und *z* behandelt, wie vor primären *t* und *d.* Beispiele: *ess(e)re* — *estre, cos(e)re* (cl. *consuere*) — *cusdre, mis(e)runt* — *misdrent, diks(e)runt* — *distrent, dykserunt* — *düstrent.*

Anm. Die Entwickelung von *cusdre* lehrt, dafs. als *s* vor *d* verstummt war, *d* in der intervokalen Verbindung *dr* nicht mehr schwinden konnte. — Analogiebildungen sind *mistrent, mirent, dirent* etc. (s. die Formenlehre). — Dem Kindermunde verdankt *cusin (cos(r)inu;* cl. *consobrinum)* seine abweichende Entwickelung. — Gelehrt oder dialektisch sind *passere passe* (cl. *passerem)* und *Eisere Eise* (später *Oise; Isara).*

c) Nach Konsonant.

§ 134. 1) Inlautend ist stimmloses *s* nach Konsonant stimmlos geblieben, auch wenn es im Französischen intervokalisch wurde. Dargestellt wird es nach erhaltenem Konsonanten durch *s*, intervokal durch *ss*. Beispiele: *falsa — false fausse, versare — verser, laxare — laissier, uxore — oissóur, capsa — chasse, planxisti — plainsis.*
Anm. Zu *rs s.* § 26, zu *ns* § 25. Die Perfekta *düisis (duksisti), desis (dixisti)* mit stimmhaftem *s* sind analogische Bildungen zu *presis (presisti)* etc.

2) Im sekundären Wortauslaut ist *s* in Pausa und vor Konsonant stimmlos geblieben, vor vokalischem Anlaut stimmhaft geworden. Beispiele: *orsu – urs, escripsi — eseris, jonæi — joins, falsu — fals faus, akse — ais, duxi — düis.*

3) Auslaut.

§ 135. *s* im lateinischen Wortauslaut wird behandelt wie dasjenige im sekundären Wortauslaut (s. § 134, 2). Beispiele: a) *es — ies es* (s. § 11, 4 a), *amas — aimes, tres — treis, tras* (s. § 25) — *tres, plus — plüs.* b) *sapis — ses, sex — sis, adsatis — assez* (*z = ts. s.* § 124), *redis — reiz, amatis — amez, latus — lez. mayis (magis) — mais; dormis — dors, fortes — forz, grandes — granz.*
Anm. Zu *ts. nns, ńs s. S. 58.*

c. Palatale.

α. Die Palatale vor Vokal.

αα. Die Verschlufslaute g und k.

Die palatalen Verschlufslaute zeigen eine verschiedene Entwickelung je nach der Stelle des Gaumens, an der sie artikuliert werden. Danach sind zu unterscheiden: 1) Mediopalatale (am mittleren harten Gaumen) g^2 k^2 vor *e, i;* 2) Postpalatale (am hinteren harten Gaumen) g^1 k^1 vor *a* und *au;* 3) Velare (am weichen Gaumen) *g k* vor *u* und *o.*

k^2.

Mediopalatales *g* (g^2) war bereits in vulgärlateinischer Zeit zur Spirans *y* geworden, das mit primärem *y* und mit *y* aus älterem *di* etc. in der Entwickelung zusammenfiel (s. § 153).

1) Anlaut.

§ 136. Der stimmlose Laut (k^2) wird zu *ts* (geschr. *c*), z. B. *kentu* — *cent* (*tsänt*; vgl. § 49). *kelare* — *celer*, *kyra* — *cire*. *kypa* — *cive*. *kylu* — *ciel*, *kivtate* (cl. *civitatem*) — *cité*. *kima* — *cime*, *kinque* (vgl. § 28, 2) — *cinc*.

Anm. Vgl. § 107. 1. Wegen *i* aus freiem betonten *ẹ* unter dem Einfluſs des vorhergehenden Palatals s. § 39 Anm. — Im Pikardischen und in einem Teil des wallonischen Dialektgebietes erscheint statt franzischem *ts*, soweit es lat. *k* vor *e*, *i* entspricht, im An- und Inlaut *tš* (geschr. *ch*), das nach gewöhnlicher Annahme eine jüngere Lautstufe als seine franzische Entsprechung darstellt.

2) Inlaut.

a) Intervokal.

§ 137. Intervokales vortoniges k^2 wird *dz', z'*, woraus unter Schwinden der Mouillierung und Abgabe eines epenthetischen *i* an den Vortonvokal *z* (geschr. *s*) hervorgeht. Beispiele: *rẹkinu* — *vez'in* -- *reisin*, *cokina* — *cüisine* (zu *üi* s. § 98 Anm.), *bucina* — *büisine*. *aukellu* (s. § 19) — *oisel*, *domnikellu* — *dameisel*. *arborikellu* — *arbreisel*. *rekente* — *reisent*.

Anm. Vgl. § 107. 2a. — Wegen *i* aus freiem betonten *ẹ* in *noisir* (*nokẹre*). *taisir* (*takẹre*) s. § 39. 2. -- Wegen *larrecin* aus *latrocẹniu* s. § 84 Anm. — In Zusammensetzungen wie *rekẹpit* — *receit*, *dekẹpit* — *deceit* wurde k^2 wie im Wortanlaut behandelt (vgl. auſserdem § 39, 2 Anm.). — Wegen *fesis* (*fekisti*) etc. s. die Formenlehre. — *Decembre*, *difficile*, *Sarrazin* u. a. haben Lehnwortform.

§ 138. 1) Nachtoniges k^2 in Paroxytonis wird unter Abgabe eines epenthetischen *i* an den vorangehenden Tonvokal zu *ts* (geschr. *z*). Beispiele: *noke* (cl. *nucem*) — *noiz*, *voke* — *voiz*, *croke* (cl. *crucem*) — *croiz*. *pẹke* (cl. *picem*) — *peiz*, *rẹke* — *feiz* (s. § 108 Anm. 1); *kervike* — **cerviiz* — *cerviz*. *radike* — *radiz* (vgl. § 12, 3b). *perdike* — *perdiz*.

2) Vor *t* ist bereits in vorlitterarischer Zeit in der Verbindung *ts* das *t* geschwunden, so daſs nur *'st* erscheint. Beispiele: *plaket* — *plaist*, *dọket* — *düist* (s. § 62). *nọket* — *nüist*, *kọkit* (s. § 28, 2) — *cüist*.

Anm. In Formen der 3. Pers. Plur. Praes. wie *plaisent* (*plakent*). *lüisent* (*lukent*) ist stimmhaftes *s* aus der 1. und 2. Plur. früh

eingedrungen. *Fait* (*fakit*), *dit* (*dikit*), *düit* (*dukit*) statt *juist etc.
wurden den Infinitiven *faire*, *dire* etc. angeglichen. — Früh fast
ausschliefslich begegnendes *pais* statt *paiz* scheint auf den lat.
Nominativ *pax* zurückzugehen. Auch neben *roiz* steht altes *rois*.
Dis (*deke*) ist an *sis* (*ses*) angeglichen worden. *Düe* (*ducem*)
ist Lehnwort. — Für *r(e)rai* ist *reraen* (nicht *rerake*) als Grundwort anzusetzen. — Wegen nachtonigem k^2 in Proparoxytonis
s. § 162, 1 b und ib. Anm.

b) Nach Konsonant.

§ 139. Die Gruppe sk^2 ergiebt vor und nach dem Ton
stimmloses *s*, woraus unter Verlust der Mouillierung und Abgabe eines *i* an den vorhergehenden Vokal einfaches stimmloses *s* (geschr. im Auslaut und vor Konsonant *s*, zwischen
Vokalen *ss*) entsteht. Beispiele: *faske — fais, paskit - paist,
creskit — creist, connoskis — connois; feskella — feissele, vaskellu — vaissel, creskente — creiss-ant.*

Anm. *Rossignol* (*lusciniola*) ist Lehnwort.

§ 140. Nach anderen Konsonanten als *s* ergiebt k^2 in
primären und sekundären Verbindungen vor und nach dem
Ton *ts* (geschr. *c, z*), resp. *dz* (geschr. *z*). Beispiele: *ekkellu —
icel* (*itsel*), *ekkestu — icest, bakkinu — bacin, okkidere — ocidre,
ekke — ez; ankella - ancelle* (s. § 41 Anm.). *romike —
ronce, pomike — ponce; merkede — merci* (s. § 39, 2), *for-
kella — furcelle, porkellu — porcel* (s. § 96 Anm.): *dolke*
(cl. *dulcem*) — *dolz, falke — falz fauz; pollike — poll'ke —
polce; pantike — pant'ke — pance; erpike* (cl. *hirpiceum —
(h)erce.* — Stimmhaftes *dz* (geschr. *z*) entstand aus *-d'k²* in
dod(e)ke (cl. *duodecim*) — *duze, tred(e)ke — treze, ond(e)ke —
onze* etc.

Anm. *Jüge* ist nicht von *judike* abzuleiten, sondern ist
= *judicu* oder Verbalsubstantiv zu *jügir* (*judicare*). Die Kon-
junktive *jüge, venge* sind durch Stammesausgleich zu erklären.

g¹ k¹.

1) Anlaut.

§ 141. Anlautendes g¹ wird zu *dž* (geschr. *j* und
selten *g*), z. B. *gallu — jal, gamba* (vgl. § 28, 1) — *jambe,
gaviola* (ibd.) — *jaiole geole* (halb gel.). auch *g'* in germanischen Lehnwörtern, z. B. *gardinu — jardin, galbinu — jalne*

jaune. Dieser Lautübergang ist älter als die Monophthongierung von *au* zu *ọ* (s. § 73), daher *gauya (gaudia)* — *joie.*

Anm. Wörter wie *gab*, *gaber* (an. *gabb*), *gabelle* (von altengl. *gafol*) sind erst nach der Assibilierung des *g¹* direkt oder durch Vermittelung der normannischen Mundart (s. § 142 Anm.) in das Französische gedrungen; andere, wie *galoper, gai, galer,* bleiben auf ihren Ursprung näher zu untersuchen.

§ 142. Anlautendes *k¹* wird zu *tš*, dem *dž* entsprechenden stimmlosen Laut (geschr. *ch*). Beispiele: *camera* — *chambre (tšāmbre), campu — champ; capu — chief* (vgl. § 52, 2), *carn — chier, capra — chievre, cane — chien* (vgl. § 53, 2); *cantare — chanter, carbone — charbon, caballu — cheval, cavare — chever.* Auch hier ist die Assibilierung älter als der Übergang von *au* in *ọ*, daher *causa — chose, caule — chol.*

Anm. Lehnworte sind u. a. *cas (casum), cause (causa).* Wegen *cóule (coda), cud(-art)* s. § 19 Anm., wegen *cage (cavia)* S. 55 (Differenzierung). — Im Pikardischen und Nordnormannischen ist im An- und Inlaut lat. *k* und *g* überall da, wo im Französischen dafür *tš* eingetreten ist, intakt geblieben.

2) Inlaut.

a) Intervokal.

§ 143. Intervokales *k¹* wird *g¹*, das mit ursprünglichem *ǰ* in der weiteren Entwickelung zusammenfällt. Es ist *g¹*:

1) nach *a, e, i* zur Spirans *y* geworden, welche vorhergehendem *i* sich assimilierte, im übrigen unter Abgabe eines epenthethischen *i* an den vorhergehenden und vor haupttonigem freien *a* (s. § 51, 2 u. 53, 2) auch an den folgenden Vokal, erhalten blieb. Beispiele: *exmagare* (von germ. *magan*) — *esmaiyier* (geschr. *esmaiier* oder *esmaier*), *paganu — paiien, legame — leiien, legare — leiier, negare — neiier, regale — reiiel, ragante — vaiant, gigante — geiant; plaga — plaie, saga — saie, negas — *nieies — nies* (vgl. § 50), *legat* (cf. *liges*) — *leiet.*

*Pacare — paiier, decanu — deiien, necare — neiier, plecare — pleiier, frecare — freiier; braca — braie, baca — baie, pacat — paiet, necat — *nieiet niet* (vgl. § 50), *Trecas(es) — Treies, amica — amie* (vgl. § 38), *ortica — urtie, mica — mie, vessica* (cl. *vesica) — vessie, espica — espie.*

2) nach den labialen Vokalen *u, o* spurlos geschwunden. Beispiele: *nogalis — mualz* (halb gel.), *ruga — rüe*; *advocatus — aruez, focakia — fuace, enraucare — enroer, locare — luer, jocare — juer, exsucare — essüer; auca — öe, jocant — jueënt. locant — lucënt, carruca — charrüe, verruca — verrüe, eruca — erüe. lactuca — laitüe, manducas — manjües* (vgl. § 125, 1 Anm.).

Anm. Lehnwörter sind u. a. *Afrique (Africa)* und das früher in die Volkssprache gedrungene *miche (mica)*. — In den nicht ganz seltenen Fällen, in denen k^1, g^1 auch nach labialen Vokalen durch *i* vertreten ist, sind assoziative Veränderungen anzunehmen. So wurden *voielle* an *voiz* (s. § 138), *noiel* an *noiz* (s. § 138), *oie* an *oisel* (s. § 137), *füie* an *füite* etc., *condüiet (conducat), essüiet (essucat)* an andere Formen dieser Verba angeglichen. Auffallend ist *r* in *düre (doga; gr. δοχή)* und in *rover*, wenn dasselbe, wie angenommen wird, auf *rogare* zurückgeht.

b) Nach Konsonant.

§ 144. Nachkonsonantisches g^1 wird in primären und sekundären Verbindungen *dʒ* (geschr. *g, j*) unter Entwickelung eines epenthetischen *i* vor *e* aus freiem betonten *a* (vgl. § 52, 2). Beispiele: *arrengare* (von germ. *hring*) — *arrengier, rom(i)gare* (vlt. neben *remigare*) — *rongier, And(e)garu — Anjou; verga — verge, heriberga — herberge, larga — large, gorga — gurge, renga* (germ. *ringa*) — *renge, longa — longe.*

Anm. Die Verbalformen *plaigne, feigne, ceigne* etc. erklären sich durch Stammesausgleich (s. die Formenlehre).

§ 145. k^1 wird in primären Verbindungen zu *tʃ* (geschr. *ch*) unter Entwickelung eines *i* vor *e* aus freiem betonten *a* (vgl. § 52, 2). Beispiele: *mercata — marchied, marcare — marchier, pescare — peschier, escala — eschiele; hanca — hanche, blanca* (frk. *blanc*) — *blanche, planca — planche, forca — furche, mosca — musche, fresca* (frk. *frisk*) — *fresche; esca — esche.*

2) Die gleiche Entwickelung zeigt unter Verlust der Gemination k^1 in der Verbindung kk^1. Beispiele: *peccatu — pechiet, peccator — pechiedre, toccare* (germ. *tukkôn*) — *tuchier. maccare — machier, huccare — hüchier; secca — seche, vacca — vache, bocca — buche, peccat — pechet; peccatore — pechedour.*

§ 146. 1) In sekundären (französischen) Ver-
bindungen hat sich k^1 ebenfalls zu $t\check{s}$ entwickelt, wenn es
in Proparoxytonis die letzte Silbe anlautend nach frühzeitig erfolgter Synkope des Vokals der Pänultima
unverändert hinter den Konsonanten getreten war. Beispiele:
man(i)ca — *manche*, *domen(i)ca* — *dimanche* (vgl. § 12, 4),
pers(i)ca — *pesche*, *pertica* — *perche*, *caballicat* — *chevalchet*
chevauchet, *abradicat* — *arrachet*, *collocat* — *culchet*.

2) k^1 erscheint dagegen als $d\check{z}$, wenn es im Anlaut der
Tonsilbe stehend bei später Synkope zu g^1 geworden war,
bevor es mit einem die vorhergehende Silbe anlautenden
stimmhaften Konsonanten zusammentraf. Beispiele: *berbi-*
carin — *berbigarin* — *bergier*, *delicata* — *delgiet*, *filicaria* —
felgiere, *vendicare* — *rengier*, *manducare* — *mangier*, *judicare* —
jügier, *sedicare* — *segier*, *carricare* — *chargier*, *tardicare* —
targier.

Anm. Die Bedingungen für den früheren oder späteren
Eintritt der Synkope unbetonter Vokale sind im einzelnen noch
nicht hinreichend klargestellt. Auch in Proparoxytonis dürfte
der Ausfall des Vokals der Pänultima erst nach dem Übergang
von intervokalem k in g erfolgt sein, wenn Kons. + r oder auch
einfaches r die Nachtonsilbe anlautete, z. B. *tenebrica* — *tenerge*,
fabrica — *forge* (vgl. § 112 Anm.), *serica* — *serge*. *dž* in *jügct* (*judi-*
cat), *rengct* (*rendicat*) etc. beruht auf Angleichung an die endungsbetonten Formen, während *tš* in *chevalchier* (*caballicare*), *culchier*
(*collocare*) u. a. aus den stammbetonten Formen eingedrungen ist. —
Gelehrt sind *grammaire* (*grammatica*), *dalmaire* (*dalmatica*),
artimaire (*arte mathematica*), *sürge* (**sudica*, st. *sucida*) u. a., vgl.
§ 151. 2 Anm.

g k.
1) Anlaut.

§ 147. Im Anlaut bleiben g und k. Beispiele: *gotta*
(cl. *gutta*) — *gute*, *gola* - *goule*, *gostu* (cl. *gustum*) — *gust*,
gobernare — *guverner*; *collu* — *col*, *corsu* — *curs*. *cornu* —
corn. *cor* — *cuer*, *cokere* (vgl. § 28, 2) — *cüire*, *coxa* — *cüisse*,
coda (vgl. § 19 Anm.) — *coude*, *cura* — *cüre*.

2) Inlaut.
a) Intervokal.

§ 148. Intervokales g und k sind verstummt:
1) im Anlaut der Tonsilbe. Beispiele: *legume* —
lein, *agurin* — *cür* (vgl. § 205 Anm.), *agostu* — *aust*, *Hugone* —

Hüon, seyusiu - scüs (vgl. § 200 Anm.): *securu scür, creatu — ceüde, aculu — cüt* (im Eigennamen *Montcüt*), *lacustu* (cl. *locusta*) — *lauste*, *lucore* (zu cl. *lucere*) — *lüour*. *Sacona — Suone, placutu — pleüt, tacutu — teüt*. Anm. Lehnwörter sind *agü aigü (acutum), agäille aigüille* (vgl. § 12. 4), *cigogne (ciconia), dragon (draconem), figüre (figura); gugurde (cucurbita), second (secundum)* u. a. Wegen *selon s.* § 12. 4.

2) Nach dem Hochton in Paroxytonis. Beispiele: *fagu — fou* (vgl. § 57), *paucu — pou, raucu — rou, trauyu — trou, keru — cien, Grecu — Griea, focu — fueu, cocu — cueu*. Vgl. § 51. 63 und 75. Daneben erscheint hier der Palatal zu *i* aufgelöst, das mit dem Tonvokal diphthongische und triphthongische Verbindungen eingeht oder, wenn der Tonvokal *i* ist, mit diesem verschmilzt, z. B. **veracu — verai* (s. § 138 Anm.). *-acu — -ai* in Ortsnamen wie *Baracu — Barai, Cameracu — Cambrai, Campiniacu — Champigny* (vgl. § 56, 2), ferner *paucu — poi, vagu — vai. amicu — ami, espicu — espi, paco — pai. duco — düi, prico — *priei pri* (s. § 50), *lego — *liei li* etc. Inwieweit satzphonetische und flexivische Verhältnisse diese Differenzierung herbeiführten, oder die verschiedene Natur des Tonvokals auf das Verhalten des Palatals eingewirkt hat, oder z. T. auch dialektische Abweichungen vorliegen, läfst sich schwer entscheiden (vgl. § 107, 3). Lehnwörter sind u. a. *lac (lacum), püblie (publicum)* und seit dem XII. Jahrhundert belegtes *ju juy* (cl. *jugum*). Beachte auch die Erhaltung des Palatals in *iluec (ilóco), aluec. luec.*

b) Nach Konsonant.

§ 149. *sk* ist [ül *er ks*?] zu *is* geworden. Beispiele: *frescu — freis. descu* (cl. *discum.*) — *deis. loscu* (cl. *lüscum*) — *lois, frankscu — franceis, nasco — nais. pasco — pais, cresco — creis, crescunt — creissent.*

§ 150. In allen anderen primären Verbindungen als *sk* ist *k* geblieben; *g* bleibt im französischen Inlaut, auslautend wird es unter Verlust des Stimmtons zu *k*. Beispiele: *falcone — falcon faucon; arcu — arc, porcu — porc. falco — falc fauc. joncu — jonc, blancu — blanc; Borgondia — Burgogne; largu — larc, boryu — burc, longu — lonc.*

Anm. Die Verbalformen *plaing* (*plango*), *feing* (*fengo*), *ceing* (*kengo*) sind durch Stammesausgleich zu erklären. S. die Formenlehre.

2) *kk* bleibt als einfaches *k*. Beispiele: *saccu — sac, seccu* (cl. *siccum*) — *sec, beccu — bec, floccu — floc.*

§ 151. In sekundären Verbindungen hat sich der Palatal je nach der Zeit, in der die Synkope des trennenden Vokals erfolgte, verschieden entwickelt:

1) Im Anlaut der Tonsilbe wurde *k* zu *g*, bevor die Synkope vorhergehender nachnebentoniger Vokale (s. § 84) erfolgte. Beispiel: *verecundia — rergogne.*

2) In Proparoxytonis ist in der Lautfolge Kons. *icu* die letzte Silbe anlautendes *c* vor Eintritt der Synkope zu *y* geworden, welches nach stimmhaften Konsonanten zu *dž* (geschr. *g*), nach stimmlosen zu *tš* (geschr. *ch*) sich weiter entwickelt hat. Beispiele: *medicu — miege, judicu — jüge, vendico — renge, canonicu — chanonge,* das Suffix *-aticu — -adiyu — -adže: faticu — edage, coraticu — curage, selvaticu — selvage; porticu — porche, domesticu — domesche.*

Anm. Gelehrt sind *mire* (*medicum*), *fire* (*filicum*, st. *ficatum*), *monie moine* (*monachum*), *chanoine* (*canonicum*) u. a. Vgl. § 146, 2 Anm. und § 155 Anm.

3) Auslaut.

§ 152. *k* im lateinischen Auslaut ist (a) geblieben in *ap(ud) oc — avuec, por oc — poruec;* (b) abgefallen in *illac — la, ecce oc — ço, ecce ic — ici, ecce uc — çu. sic — si, poro* (neben *poruec*), *oc anno — o-an* u. a.; (c) durch *i* vertreten in *fac — fai.* Vgl. § 107, 3.

ββ. Die Spirans y.

§ 153. Vlt. *y* entspricht cl.-lat. *j*, *g* vor *e* und *i* (s. § 28, 3), *gi* Vok., *di* Vok. (s. § 28, 3 Anm.) und griech. ζ (s. § 30, 4).

1) Anlaut.

§ 154. Die Spirans wird im Anlaut zu *dž* (geschr. *j* und *g*). Beispiele: *yam* (cl. *jam*) — *ja* (spr. *džа*), *yectare* (cl. *jactare*) — *getier* (spr. *džetier*), *yovene* (cl. *jůvenem*) — *juene; yęlu* (cl. *gělu*) — *giel* (spr. *džiel*), *yente* (cl. *gentem*) — *gent, yęmere* (cl. *gěmere*) — *giembre, yeneru* (cl. *generu*) — *yendre*

yelare (cl. *gelare*) — *geler;* Yoryu (cl. *Georgium*) — *Jorge:*
yornu (cl. *diurnum*) — *jurn*, *yusque* (cl. *de usque*) — *jüsque*,
yosu (cl. *deorsum*) — *jüs* (s. § 12); *yelosu* (zu gr. ζῆλο;) —
jalus (halb gel.).

Anm. Gelehrt sind *diable* (*diabolum*), *diacre* (*diaconum*).

2) Inlaut.

a) Intervokal.

§ 155. Intervokales *y* nach dem Hochton ist unter
Abgabe eines epenthetischen *i* an den vorhergehenden Vokal
(a) in auch französisch intervokaler Stellung aufser nach *i*
geblieben, (b) im französischen Auslaut verstummt. Beispiele:
a) *troya* — *träie* (spr. *träiye*, vgl. § 62), *boya* — *büie; neyent*
(cl. *negent*) — **nieient* — *nient* (vgl. § 50); *correya* (cl. *corrī-
gia*) — *curreie; raya (radia)* — *raie*, *gauya* (cl. *gaudia*) —
joie, auyat (cl. *audiat*) — *oiet*, *enviya* (cl. *invidia*) — *envie* (vgl.
§ 138), *riyant* (cl. *rideant*) — *rient*. — b) *Mayu* — *Mai;*
reye (cl. *rege*) — *rei*, *laye* (cl. *lege*) — *lei*, *neye* (cl. *negem*) —
*niei ni (vgl. § 50); *naveyu* cl. *navigium*) — *navei*, *exayu*
(cl. *exagium*) — *essai; glayu* (cl. *gladium*) — *glai*, *rayu* (cl.
radium) — *rai*, *poyu* (cl. *podium*) — *püi* (vgl. § 62), *oye* (cl.
hodie) — *hüi*, *moyu* (cl. *modiu*) — *müi*, *meyu* (cl. *mediu*) —
*miei mi.

Anm. Nicht dem alten Erbwortschatz gehören an *refüge*
(*refugium*), *prodige* (*prodigium*); *guage* (zu germ. **wadjan*); *enridie*
(*invidia*), *estüdie* (*studia*), *remedier* (*remediari*), *enrire* (*envidia*),
remire (*remedium*), *homecire* (*homicidium*) u. a. — Wegen *glaive*
s. § 12. 5. — *Siege* ist Verbalsubstantiv zu *segier* (vlt. *sedicare*).

§ 156. Vortoniges intervokales *y* hat sich folgendem
i, *ü* assimiliert: vor anderen Vokalen als *i* ist es geblieben
(geschr. *j*, *i*), indem es ein epenthetisches *i* nach dem Vortonvokal und bei freiem haupttonigen *e* (s. § 39. 2) oder *a* (s. § 52, 2)
ein zweites epenthetisches *i* vor diesen entwickelt hat. Beispiele: *reyina* (cl. *regina*) — *reine, fuyire* (cl. *fugere*) — *füir*,
fayina (fag-ina) — *faïne*, *sayime* (cl. *sagina*) — *saïn*, *yeyunu*
(cl. *jejunum*) — *jeün; sayetta* (cl. *sagitta*) — *saiette, flayellu*
(cl. *flagellu*) — *flaiel*, *neyellu* (cl. *nigellu*) — *neiel*, *payese*
(cl. *pagensem*) — **payeis* — *païs* (païs), *reyone* (cl. *regio-
nem*) — *reion*, *appoyare* (zu cl. *podium*, gr. πόδιον) — *apoïer*,
meyanu (zu cl. *medius*) — *meïen*, *moyolu* (cl. *modiolum*) —

moinel, *anyatis* (cl. *audiatis*) — *oïez*. *Cauyaeu* (*Caudiacu*) — *Choui* (s. § 56. 2), *mayore* (cl. *majorem*) — *maiour*. *peyore* (cl. *pejorem*) — *peiour*.

Anm. Gelehrt sind u. a. *fragil*, *legende*. *Egile*, *registre*; *region*, *prodigious*; *odious*, *obedience*. Ebenso dürften nicht dem alten Erbwortschatz angehören *seel* (cl. *sigillum*), *saete* (cl. *sagitta*). *flael* (cl. *flagellum*), *nrel* (cl. *negellum*), *peor* (cl. *pejor*) u. a., denen Bildungen mit intervokalem *y* zur Seite stehen.

b) Nach Konsonant.

§ 157. Nach *r* wird *y* zu *dž* (geschr. *g*, *j*). Beispiele: *aryente* — *argent*. *soryente* — *surj(ant)*, *boryęse* — *burgeis* (s. § 39. 2 Anm.) *rĕriyariu* (*riridiarium*) — *vergier*; *oryu* (cl. *hordeum*) — *orge*, *Yorgu* (*Georgium*) — *Jorge*.

2) *ny* wird *ñ*, das in der weiteren Entwickelung mit den § 164 und § 207 behandelten Wörtern zusammenfällt. Beispiele: *lonye* — *loing* (*lõñĭ*), *planye* — *plaing* (*plãñĭ*); *Borgonya* (*Burgundia*) — *Burgogne* (*Burgòñe*), *eereconya* (*verecundia*) — *vergogne*; *rotonyare* (*rotundiare*) — *redongnier*, *planyéa* (*plangebam*) — *plaigneie* (*plañeie*).

Anm. *Esponge* geht auf vlt. *esponga* (cl. *spongia*) zurück. In dem als Kompositum empfundenen *en-yenĭu* (*ingenium*) wurde *y* als wortanlautendes behandelt (frz. *engin*). — Wegen Vok. *y* Kons. s. § 162 ff. passim.

γγ. Die Affrikaten gw und kw.

1) Anlaut.

§ 158. Die Affrikaten *gw* und *kw* verlieren den labialen Laut, der palatale Laut bleibt (geschr. *g*, auch *gu*; *qu*, *c* etc.). Beispiele: *gwardare* (frk. *wardón*) — *garder*, *gwastare* (vgl. § 12, 5) — *gaster*. *gwarire* (frk. *warjan*) — *garir*, *gwadanyare* (frk. *waidanjan*) — *gadaignier*; *gwando* — *kant* (geschr. *quant*). *gware* — *quer* und *car* (s. § 52 Anm. 1). *gwale* — *quel*, *gwętu* (cl. *quiꞓtum*) — *queil*, *gweꞓd* (cl. *quid*) — *queit*.

Anm. Vgl. § 28, 2 zu vlt. *k* für *kw* in *kinkwe*, *kinkwaginta*.

2) Inlaut.

§ 159. In intervokaler Stellung werden *gw*, *kw* unter Verlust des Palatals zu *w*, das teils zu *u* vokalisiert, teils zu *v* umgebildet wurde. Beispiele: *akwa* — *ewe* *eᵘwe* —

eaue und *eve*, **lggwa* (kelt. *leuca*) — *liewe* - *licue*, *ekwa* —
iwe — *ive*, **tregwa* (germ. *treuwa*) — *trieue* — *trieue* und *triewe*,
antikwa — *antive*, *sekwunt* — *siewent* — *sieuent siurent*
(*suivent*) etc.

Anm. Die verschiedenartige Weiterentwickelung des an die
Stelle von *kw*, *gw* getretenen *w*-Lautes ist als mundartliche
Differenzierung aufzufassen. Das Masc. *antif* (*anticu*) ist Neu-
bildung aus dem Femininum *antive* (*antiqua*). — Lehnwortform
zeigen *aigue* (*aqua*) und *egal* (*aequalem*). — Zu vlt. *cokere* (cl.
coquere), *cokina* (*coquina*) s. § 28. 2.

§ 160. Nach Konsonant bleibt der Palatal in *gw* und
kw. während der Labial schwindet. In der Schreibung werden
lat. *gu*. *qu* besonders vor *e*, *i* beibehalten. Tritt *g* aus *gw* in
den französischen Wortauslaut. so wird es stimmlos (*k*). Beispiele: *lingraticu* (zu *lingua*) — *lengage*, *ongwentu* (cl. *un-
guentum*) - *onguent*, *sangwinu* — *sanguin*, *lingwa* — *langue*,
onkwa (cl. *unquam*) — *onque-s*, **kinkwanta* (*quinquaginta*) —
cinquante; *donkwe* — *donc*, *sangwe* — *sanc*.

β. Die Palatale vor Konsonant.

1) Anlaut.

§ 161. Im Anlaut bleiben die Palatale vor Konsonant
unverändert. Beispiele: *creta* — *creide*, *crine* — *crin*. *claru* —
cler, *clave* — *clef*. *claudere* — *clodre*; *grande* — *grant*, *granu* —
grain. *grossu* — *gros*.

Anm. Wegen *gras* (*grassu*: cl. *crassum*). *gradaille* etc. s.
§ 28. 1. Unerklärt ist der Abfall des *g* in *leir* (*glere*; vgl.
§ 36 Anm.).

2) Inlaut.

a) Nach Vokal.

§ 162. 1) In der Mehrzahl der Fälle werden vorkonsonan-
tische *g* und *k* zur Spirans *y*. welche den folgenden Konsonanten mouilliert (palatalisiert). Diese Mouillierung schwindet
bei allen Konsonanten aufser *l* (s. § 163) und *n* (s. § 164) nach
Entwickelung eines und in der Stellung vor freiem haupttonigen *a*
(s. § 52) zweier epenthetischer *i*. Beispiele: a) Ursprüngliche
(vulgärlateinische) Verbindungen: *kt: facta* —
*faχta **fayta* **fayta* — *faite*, *factu* — *fait*. *tractat* — *traitet*,
fructu — *früit*. *lucta* — *lüite*, *nocte* — *nüit* (s. § 62). *lectu* —

lit (s. § 50), *djctu — dit* (s. § 38); *tractare — traitier,
allactare — allaitier, lactuca — laitüe. Pçctaru — Peitou. — gd:
fregda* (s. § 13, 1) *— freide, rçgdu — reit. — ks: laxat —
laisset, coxa — cüisse* (s. § 62), *traxi — trais, sex — sis* (s.
§ 50), *exit — ist, despexit — despist, axe — ais, fraxinu —
fraisne, Saxone — Saisne. texere — tistre, proximu — prüisme*
(s. § 62): *laxare — laissier, axellu — aissel, paxçllu — paissel.
çxore — oissçur, exire — eissir. — kr: lacrima — lairme; sacramentu — sairement. — gr: nçgru — neir, entçgru — entir* (s.
§ 50). *fragrat — flairçt.* — b) Sekundäre Verbindungen:
*plakitu — plait, explçkitu — espleit, sollçkitu — solleit. fakitis —
faites, plakitare — plaidier* (s. § 125, 2), **vçkitare — voidier;
makerat — mairet, fakere — faire, dikere — dire, dçkere —
düire, cokere* (s. § 28, 2) *— cüire; fakimus — faimes, dikimus —
dimes, dçkimu — dime, mayor — maire, peyor — *pieire —
pire; peyus — *pieis — pis.*

2) Völlige Assimilation des Palatals an den folgenden
Konsonanten trat in der Verbindung *ktj* (vgl. § 199) und in
vortoniger Stellung in der Verbindung *ks* Kons. ein. Beispiele:
*tractjat — tracet, directjare — dreeier; sextarju — sestier,
dextrariu — destrier, *tax(i)tare — taster, çntox(i)care —
entoschier, extendere — estendre. extorquere — estordre*, satzunbetonte *extra — estre* und *joxta — juste.*

Anm. In den unter 1 b genannten Belegen war, bevor die
Synkope des unbetonten Vokals erfolgte, wahrscheinlich k^2 zu g^2
geworden, also *plakitu — *plagitu *playtu *playtu — plait.* —
Auf Angleichung an die mit *ex* Kons. anlautenden Wörter
beruht *es-* für *ex-* vor Vokal in *exame — essaim, exaltiare —
essaleier essaucier* u. a. Nicht dem alten Erbwortschatz gehören an *tassel (taxillum)* und (spät belegtes) *lçssiu
(lixivum),* ferner *letrin* (zu cl. *lector;* mlt. *lectorinum), Madeleine
(Magdalena), pelerin (peregrinum). perece (pigritia), enterin (inte-
grinum).* Um Lehnwörter handelt es sich ferner überall da, wo
der palatale Verschlufslaut geblieben ist, z. B. *sacrer (sacrare),
sacrefier, victorie, Octobre, tigre, dogme, fragment* und, mit Übergang der Tenuis in die Media, die früher in die Volkssprache
gedrungenen *egre, megre* (in späterer Schreibung *aigre maigre;* cl.
acrem macrum), segret (secretum) u. a. In einigen fremdsprachigen
Entlehnungen ist *g* zu *l, u* geworden, daher *esmeralde esmeraude
(smaragdum). Baldas Baudas (Bagdad).* — In *amikitate — amistiet,
mendikitate — mendistiet* ist vor Ausfall des Vokals der Vortonsilbe Assibilierung des Palatals eingetreten. — Wegen *disme*

— 83 —

(decimu), fisdrent (fecerunt), fisdret (fecerat), resqui (cl. rixi) s. die
Formenlehre.

§ 163. Palatal + l wird über il zu l (geschr. ill, li, ll,
l [nach i], il), das (a) im Inlaut zwischen Vokalen und
im Auslaut bleibt, (b) vor Konsonant unter Verlust der
Mouillierung zu l wird.

Beispiele: a) adyenoculare — agenuillier, fodiculare —
fuillier; veyilare (cl. vigilare) — veillier, coagulare — caillier;
bayulore — baillier; — macla — maille, auricula — oreille,
conocla — quenuille, gracla — graille, facla — faille, tenacla —
tenaille; estrigla — estrille, regla — reille. tragla — traille;
parocla — pareil, vermiclu — vermeil, reclu (vgl. § 27) —
vieil.

b) reclus — vielz. vermiclus — rermelz. soleclus — solelz.
genoclos — genulz.

Anm. Vgl. § 204 die gleiche Entwickelung von li. Wegen
z (ts) für s nach l s. S. 58, wegen der späteren Schicksale des l aus
l vor Kons. § 281, wegen ie aus freiem betonten a unter dem
Einfluls vorhergehender palatalisierter Konsonanten § 52. 2, wegen
üi in cüillier (cüilier) und agüiile (agüile, später agüile) § 12. 4. —
Lehnwortform haben u. a. a) miracle (miraculum), spectacle
(spectaculum), abitacle (habitaculum), siecle (sarculum), riegle und
regle (regula); b) avuegle (ab + oculum), seigle (secale), jogledre
(joculator); c) wahrscheinlich graisle (gracilem), fraile (fragilem;
in Angleichung an graisle auch fraisle). Wegen reule (regula),
seule (sacculum) s. § 13. 4 Anm.

§ 164. Palatal + n wird iñ, das (a) im französischen
Auslaut bleibt (geschr. ing, ign, in), (b) vor Konsonant in
(geschr. in), (c) in französisch intervokaler Stellung
ñ (geschr. ign, gn) ergiebt.

Beispiele: a) pognu — poing (poiñ), estagnu — estaing.
segnu — seing; plantayine (cl. plantaginem) — plantain. pro-
payine — provain, vertiyine — avertin (vgl. § 12. 4) ondayine —
andain.

b) pognus — poinz (points, degnet — deint, ensegnet —
enseint, cognita — cuointe.

c) ligna — leigne (liñe), pogna — poigne. ensegnat —
enseignet, degnat — deignet, segnare — seignier, degnare —
deignier, agnellu — aignel.

Anm. Vgl. § 207 die gleiche Entwickelung von ñi. Wegen
z (ts) für s nach ñi s. S. 58. wegen ie aus betontem freien a unter

6 *

dem Einflufs vorhergehender palatalisierter Konsonanten § 52. 2.
Nicht dem Erbwortschatz gehören an u. a. *digne*
(*dignum*), *signe* (*signum*), *regne* (*regnum*), *Charlemagne* (*magnum*),
benigne (neben *benin*; *benignum*), *cigne* (*cycnum*; gr. *χύχνος*); *diacre*
(*diaconum*); ferner wahrscheinlich nicht *aisne* (*acinum*), *cisne*
(*cicinum*) mit Assibilierung des k^2 vor Ausfall des Vokals der
Pänultima (vgl. *graisle* § 163 Anm.): dann *image* (älter *imagene*,
s. § 76 Anm.), *Cartage* (*Cartaginem*) u. a. — *Assener* (*adsignare*),
anel (*agnellu*), *prenant* (*praegnant*) etc. zeigen dialektische
Sonderentwickelung von intervokalem *ň* zu *n* in Erb- und Lehnwörtern.

b) **Nach Konsonant.**

§ 165. Der Palatal bleibt in den Verbindungen *ngl. nel*
und *rel*. Beispiele: *anglu — angle, ongla* (cl. *ungula*) — *ongle,
singlu* (cl. *singulum*) — *sengle, cingla* (cl. *cingula*) — *cingle,
avonclu — oncle, kerclu* (cl. *circulum*) — *cercle, coperclu* (*coperculum*) — *cuvercle; singlare* (*singularem*) — *sengler. sarclare —
sarcler.*

Anm. *torclu* (*torculum*) ist über *troclu* zu *trueil* geworden.
Wegen *angele ange* (*angelum*) s. § 76 Anm.

§ 166. Der Palatal ist spurlos geschwunden in den Verbindungen *scl, rcn, rgl, rys* und *ryt*. Beispiele: *musculare —
mesler, moscla* (cl. *muscula*) — *musle; maslu* (*masculu*) —
masle; kerkinu (cl. *circinus*; gr. *χίρχινος*) — *cerne, kerkinare —
cerner; margila* (**margila*) — *marle. soryis* (cl. *särgis*) — *surs,
teryis* (*tergis*) — *ters, soryit — surt, teryit — tert. goryite
(gärgite) — gurt.*

Anm. Gelehrt sind *oscle* (*osculum*), *müsele* (*musculum*).

§ 167. In allen anderen als in den § 165 und 166 behandelten Verbindungen *ngl. nel, sel* hat der Palatal bei
vorhergehendem *n* oder *s* Mouillierung dieser Laute
bewirkt. Nach Entwickelung eines epenthetischen *i*, das mit
dem Vokal der vorhergehenden Silbe zum Diphthongen sich
verbindet, und in den Gruppen *ny'r. nk'r, sk'r* nach Entwickelung aufserdem eines der konsonantischen Übergangslaute *d* oder *t* ist die Mouillierung später geschwunden.
Beispiele: a) *jonctu — joint, ponctu — point, functu — feint,
tenctu — teint, enkencta — enceinte, sanctu — saint, planctu —
plaint, onctu — oint, finksit — feinst, planxit — plainst;
planctivu — plaintif. — b) vinkit — veint. paskit — paist,*

ereskit — creist, faskinare — faisnier, foskinu — foisne, creskis — creis; plangis (plangis) — plains, fungit (fungit) — feint, longitanu (longitanu) — lointain. — c) *paskere — *paissre — paistre, naskere — naistre, creskere — creistre, cognoskere — connoistre; venkere — veintre; plangere (plangere) — plaindre, fungere (fingere) — feindre, jongere (jüngere) — joindre, pongere (pungere) — poindre, tongere (tingere) — teindre, strongere (stringere) — estreindre.*

§ 168. Die Gruppen *ry'r, lg'r, rk'r* ergeben *r^dr, l^br, r^tr*, indem hier die interkonsonantischen Palatale an die umgebenden Dentale sich assimilieren. Beispiele: *sorgere (surgere) — surdre, tergere (tergere) — terdre, folgere (fulgura) — fuldre; carkere — chartre.*

Anm. Fraglich ist, ob hier der Palatal vorübergehend Mouillierung des vorangehenden Konsonanten bewirkte. Beachte *foildres* Oxf. Rol. u. sonst. — *Tork(u)ere* ergab *tortre*, wofür *tordre* mit Dissimilation gleicher Silbenanlaute (vgl. S. 55) und unter Einwirkung von *surdre* eingetreten ist. — Gelehrt sind *sepülcre (sepulcrum)* und *bugre (Bulgarum)*.

2. Die Liquiden.

r.

1) Anlaut.

§ 169. Im Anlaut bleibt *r*. Beispiele: *rabia* (cl. *rabiem) — rage, ratione — raison, regina — reine, rem — rien, risu — ris.* Auch wenn Konsonant vorhergeht, z. B. *braca — braie, probare — prover, tructa — trüite, cresta — creste, gratu — gref.*

2) Inlaut.

a) Intervokal.

§ 170. Intervokales *r* bleibt, auch wenn es in den französischen Auslaut tritt. Beispiele: *aratru — aredre, parare — parer, durare — dürer, amara — amere; duru — dür, pare — per, caru — chier, seru — seir, onore — honour, amare — amer.*

Anm. Suffixvertauschung liegt vor in *altel autel (altare)*. Wegen *l* aus *r* in anderen Wörtern vgl. S. 55.

b) Vor Konsonant.

§ 171. Die Geminata *rr* bleibt (a) in auch französisch intervokaler Stellung, wird (b) vereinfacht im französischen Auslaut und vor Konsonant. Beispiele: a) *terra — terre, gwerra* (germ. *werra*) — *guerre; qu(e)r(e)re — querre, mor(i)-r(e) ab(e)t — murrat;* b) *carru — char, ferru — fer, torre — tur; corr(i)t — curt.*

§ 172. Aufser in den § 171 b genannten Fällen bleibt vorkonsonantisches *r* im älteren Französisch unverändert. Beispiele: *arma — arme, arb(o)re — arbre, corpus — cors, arcu — arc, porta — porte, forte — fort, arsa — arse, orsu — urs, versu — vers, mer(u)la — merle; portare — porter, dormire — dormir, carbone — charbon.*

Anm. Durch Metathese ist für Kons. Vok. *r* Kons. einigemal die Lautfolge Kons. *r* Vok. Kons. eingetreten. Gewöhnlich ist die Umstellung in der Vortonsilbe erfolgt, z. B. *brebiz* (*berbike*), *fromage* (*formaticu*), *cseremir* (germ. *skirmjan*), doch auch, *trueil* (*torclu*). — Wegen *rs — s* im Vulgärlt. s. § 26.

c) Nach Konsonant.

§ 173. *r* bleibt nach allen Konsonanten erhalten. Beispiele: *lib(e)rare — livrer, labru — levre, lep(o)re — lievre capra — chievre; rid(e)re — ridre, perd(e)re — perdre, latrone — ladron, patre — pedre; negru — neir, sacramentu — sairement; toll(e)re — toldre, essere — estre.*

Anm. Wegen der zwischen *r* und vorangehendem Konsonanten gebildeten Übergangslaute *t, d* vgl. S. 57 f. — Satzunbetontes *pro* ist mit Metathese (s. § 172 Anm.) des *r* zu *pur* geworden.

3) Auslaut.

§ 174. Primär auslautendes *r* ist unverändert geblieben in *per — per par* (s. § 11, 4a).

Anm. In *semper, quattor* (s. § 22, 4), *soper* u. a. war *r* bereits in vorfranzösischer Zeit durch Metathese inlautend geworden: *sempre, quatre, sure* (s. § 112 Anm.). Vgl. § 80.

l.

1) Anlaut.

§ 175. Im Anlaut bleibt *l*. Beispiele: *latrone — ladron, lavare — laver, lepore — lievre, linia — ligne, luna — lüne.*

2) Inlaut.

a) Intervokal.

§ 176. Intervokales *l* bleibt, auch wenn es in den französischen Auslaut tritt. Beispiele: *ala — ele, tela — teile, palatiu — palais, colere — vuleir, olere — oleir; p,lu — peil, k,lu — ciel, tale — tel, vile — vil.*

A n m. Auf Angleichung beruht *l* für *l* in späteren *saillir (salire), vaillant* etc. Vgl. die Formenlehre.

b) Vor Konsonant.

§ 177. Lateinisches *ll* wird zu einfachem *l*. In der Schreibung bleibt in auch französisch intervokaler Stellung *ll* neben *l*; im französischen Auslaut und vor Konsonant tritt *l* ein. Beispiele: *bella — belle bele, ,lla — elle ele, appellare — apeler, olla — ule, n,lla — nüle, v,lla — ville; collu — col, folle — fol, agnellu — aignel, mille — mil; follis — fols, agnellos — aignels.*

A n m. Auf Angleichung beruht *l* für *l* in späteren *faillir (fallire), buillir (bollire)* etc. S. die Formenlehre.

§ 178. 1) Abgesehen von der in § 177 erörterten Verbindung *ll* ist vorkonsonantisches *l* in der französischen Mundart bis gegen Ende des XI. Jahrhunderts im ganzen unverändert geblieben. Nach *a* dürfte die später in weiterem Umfange erfolgte Vokalisierung von *l* (auch dem aus *ll* vereinfachten) über *l* zu *u* etwas früher begonnen haben. Beispiele: *falsu — fals faus, caldu — chalt chaut, falcone — falcon faucon. al(i)na* (germ. *alina*) — *alne aune; pulike — pülce, culus — cüls; gentilis — gentils; dolke — dolz, moltu — mult; soldos — solz; caulis — chols; bellos — bels, selva — selve.*

A n m. *Balneum* war bereits im Vlt. mit Übergang der Lautgruppe *lni* in *ni* zu *baniu* (frz. *bain*) geworden.

2) Folgt *r*, so entsteht nach (primärem oder sekundärem) *l* der stimmhafte dentale Verschlußlaut. Beispiele: *fallere — faldre faudre, molere — moldre, tollere — toldre.*

c) Nach Konsonant.

§ 179. Nach Labialen und Dentalen bleibt *l* unverändert erhalten. Beispiele: *doplu — duble* (s. § 113), *pop(u)lu — pueble, Carlo)lu — Charle, com(u)lare — combler.*

Anm. Spätere Lehnworte sind *titre* (*titulum*), *apostre* (*apostolum*), *chapitre* (*capitulum*) etc. (vgl. § 122). — Über die Schicksale von Pal. + *l* s. § 163.

3) Auslaut.

§ 180. *l* im lateinischen Auslaut bleibt. Beispiele: *mel — miel, fel — fiel.* Wegen *ensemble* (*ensemul*) s. § 80.

3. Die Hauchlaute.

§ 181. Der Spiritus lenis des klassischen Latein (lateinisches *h*) im Anlaut und im Inlaut zwischen Vokalen war bereits dem Vulgärlatein fremd (s. § 23), während der Spiritus asper (*'h*) in germanischen Lehnwörtern zum lenis wurde und als solcher im Altfranzösischen erhalten blieb. Beispiele s. § 31 b, 6. — In der Schrift wird oft auch *h* in Wörtern lateinischen Ursprungs erhalten, allein es findet Elision vor demselben statt, ein Beweis, dafs es nicht mehr *h* gesprochen wurde. Belege s. § 23.

B. Die Nasale.

§ 182. Das Volkslatein kennt drei Nasale, einen labialen *m*, einen dentalen *n* und einen palatalen *ŋ* (s. § 191).

1) Anlaut.

§ 183. Im Anlaut bleiben die lateinischen Nasale. Beispiele: *manu — main, mayis — mais, mettere — metre, muru — mür; nasu — nes, naskit — naist, neve* (cl. *nivem*) — *neif, nome — non, nudu — nüt.*

Anm. Unerklärt ist *n* für *m* in *nesple* (s. § 117 Anm.), *natte, nappe,* die auf vlt. *nespilu, natta* und vielleicht auch bereits vlt. *nappa* (neben *mappa*) zurückgehen.

2) Inlaut.

a) Intervokal.

§ 184. 1) In auch französisch intervokaler Stellung bleiben die Nasale erhalten. Beispiele: *amaru — amer, clamare — clamer, umanu — hümain, amante — amant, cima — cime, amat — aimet, planare — planer, penare — pener, menare — mener, plenariu — plenier, una — üne.*

Anm. *Daine* (vlt. *dama*) wurde aus dem Masc. *dain* (*damu*) (s. § 184, 2) neugebildet.

2) Im französischen Auslaut wird *m* etwa gegen
das Ende unserer Periode zu *n* (geschr. *m* und *n*); *n* bleibt.
Beispiele: *legame — leüen, amo — aim ain, flume — flüm
flün, nome — nom non, exame — essaim essain, racemu —
raisim raisin, omo* (cl. *homo*) *— om on* (Hoh. Lied), *damu —
daim dain; — plenu — plein, bene — bien, senu* (cl. *sinum*) *—
sein, vinu — vin*.

b) Vor Konsonant.

§ 185. 1) Die doppelten Nasale *mm* und *nn* werden
vereinfacht. In der Schreibung bleiben in französisch intervokaler Stellung auch später *mm, nn* neben *m* und *n*. Beispiele: *flamma — flamme flame, somma — somme, gemma —
gemme geme, gemmatu — gemmet gemet* (Oxf. Rol.); *penna —
penne, annellu -- annel anel*.

2) Im sekundären Auslaut ist *mm* wie vlt. *m* (s.
§ 184, 2) zu *n* geworden, *nn* als *n* geblieben. Beispiele: *sommu —
som son; annu — an, pannu — pan*.

Anm. Wegen *nns — nz* (*nts*) s. S. 58.

§ 186. Die Gruppen *mn, m'n* werden intervokal im
französischen Inlaut über *mm* zu *m* (geschr. auch *mm*).
Beispiele: *damnaticu — dammage damage, somnu — somme,
escamnu — eschamme eschame; seminare — semer, entaminare —
entamer, nominare — nommer nomer, ruminare — rümer,
domina — damme dame, femina — femme feme, lamina —
lame, -umine* (s. § 123 Anm.) *— -üme*.

Anm. In gelehrten Wörtern ist die Gruppe *mn*
zunächst geblieben, später über *mn* zu *n* geworden, z. B. *colomne*
(auch *colompne*) *colonne* (cl. *columna*), *damner* (auch *dampner*)
danner (Steph. 25; cl. *damnare*), *solemnitet solennitet* (cl. *solemni-
tatem*). In anderen Fällen wie afrz. *rüner* neben *rümer* (*ruminare*) scheint dialektische Differenzierung vorzuliegen. Näherer
Untersuchung bedarf namentlich noch die Frage, weshalb *-minu,
-mnu* aufser als *-mme, -me* ohne Stütz-*e* als *-m, -n* erscheint,
z. B. *damnu — dame* und *dam dan, domnu — dame* und *dam
dom don*. Vgl. § 79 Anm. 2.

§ 187. Auch *n'm, nm* haben *m* ergeben. Beispiele:
anima — anme ame, Yeronimu (*Hieronimu*) *— Jerome;* an der
Wortgrenze *en menare — enmener emmener, gran[di]mente —
granment granment*.

Anm. Fraglich ist. inwieweit *nm*, das in der schriftlichen Darstellung lange neben *mm*, *m* erscheint, im einzelnen Falle noch den ursprünglichen Laut oder bloße historische Schreibung repräsentiert. Gelehrt ist (metrisch zweisilbiges) *aneme* (*anima*; Alex., Oxf. Roland u. sonst.). Durch Dissimilation hat *n'm* auch *bn* und *rm* ergeben, worin dem Französischen von Haus aus fremde Entwickelungen zu sehen sind, z. B. *animalia* — *almaille*, *aumaille*, *anima* — *alme* *aume* und *arme*, *menima* — *merme*.

§ 188. Vor labialen Verschlußlauten oder Spiranten bleibt *m*; *n* wird *m*. Beispiele: *gamba* — *jambe*, *ambulare* — *ambler*, *amplu* — *ample*, *templu* — *temple*; *envolare* — **cnvr(o)lare* — **emler embler*. *enfas* (cl. *infans*) — *emfes*, *en(de) portare* — *emporter*.

Anm. Ob der Übergang von *n* in *m* überall, wie angenommen wird, bilabiale Aussprache des folgenden Labials zur Voraussetzung gehabt hat, läßt sich schwer entscheiden. In *enfant*, *enfern* etc. ist die Erhaltung des *n* darauf zurückzuführen, daß *en* als Kompositionselement empfunden wurde.

§ 189. Vor dentalen Verschlußlauten und Spiranten bleibt *n*; *m* wird *n*, auch vor erst französischem Dental. Beispiele: *rendere* — *vendre*, *ventu* — *vent*, *ensemul* — *ensemble*, *consęliu* — *conseil*; auch *mp* und *mb*, z. B. *prim(u)* *templu)s* — *printens*, *sem(i)ta* — *sente*, *comp(u)tu* — *conte*, *comp(u)tare* — *conter*, *amb(e)dgos* — *andgus*; *vendęmia* — *vendenge* (*rändändže*), *commiatu* — *congié* (*cöndžié*).

Anm. Französ. *ns* = lat. *ns* begegnet nur in Zusammensetzungen und in Lehnwörtern. Vgl. § 25.

§ 190. Vor den Liquiden *l*, *r* entsteht nach dem Nasal ein oraler Übergangslaut. Und zwar wird *ml* zu *mbl*, *mr* zu *mbr*, *nr* zu *ndr*. Beispiele: *ensęm(u)l* — *ensemble*, *um(i)le* — *hümble*, *trem(u)lare* — *trembler*, *sem(i)lare* — *sembler*, *com(u)lare* — *combler*; *nom(e)ru* — *nombre*, *cam(e)ra* — *chambre*, *remem(o)rare* — *remembrer*, *yem(e)re* — *gembre*, *prem(e)re* — *prembre*; *pon(e)re* — *pondre*, *ten(e)ru* — *tendre*, *ken(e)re* — *cendre*, *ten(e)r(e) abes* — *tendras*. Vgl. S. 57 f.

Anm. Für zu erwartendes *ndl* aus *nl* fehlt ein Beleg. *Espingle*, das aus *espinula* ansprechend gedeutet wird, kann durch *cingle*, *angle* etc. beeinflußt worden sein. An der Wortgrenze ist *n* vor *l* geschwunden in satzunbetonten *el* (*en lo*), *es* (*en les*). *Preindre* (*premere*), *geindre* (*gemere*), *creindre* (*tremere*; s. § 12. 5) etc. sind Analogiebildungen nach *feindre*, *plaindre* u. a.

§ 191. Vor Palatal findet sich im Lateinischen *n* mit
der Lautung *ŋ*, welches im Französischen vor erhaltenem
Palatal bleibt. Beispiele: *loŋgu — loŋe (löŋe), oŋkica — onqut-s
(öŋkes), joŋeu — jonc (dżöŋe).*

Anm. Über die Schicksale von *ŋ* vor *y* und Palat. ÷ Kons.
s. § 157, 2. 165. 167.

c) Nach Konsonant.

§ 192. Nach Labialen und Dentalen bleiben
(aufser *n* nach *m*) die Nasale unverändert erhalten. Beispiele: *blasph(e)mare — blasmer, es(ti)mare — esmer, sep(ti)-
mana — semaine, tes(ti)moniu — tesmoing, lacr(i)ma — lairme,
arma — arme, ermu* (s. § 21) *erme, verme — verm, firmu -
ferm; jovene — juevne juene, galbinu — jalne jaune, as(i)nu —
asne, al(i)na — alne anne, alnu — alne aune, ibernu — hivern,
enfernu — enfern, cornu — corn, fornu — forn, albornu —
alburn auburn.*

Anm. Wegen *mn* s. § 186. Auch in der Verbindung *rmn*
ist *mn* zu *m* geworden, z. B. *term(i)nu — terme, carm(i)nare —
charmer, carpinu* ergab in Übereinstimmung mit der hier
formulierten Regel *charne,* woneben *charme* zu deuten bleibt. —
In gelehrten Wörtern ist *n* in Proparoxytonis im Anlaut
der Nachtonsilbe in *r* übergegangen, z. B. *ordre (ordinem), cofre
(cophinum), timbre (tympanum), pampre (pampinum),* auch *juevre
(juvenem), Esterre (Stephanum), antievre (antephona; gr. ἀντίφωνος).* —
Über die Schicksale von Palat. + Nasal. vgl. § 164.

d) In interkonsonantischer Stellung.

§ 193. 1) In den Gruppen *rm's, rn's, rm't, rn't* schwinden
die Nasale. Beispiele: Die Nominativformen *vers (vermis),
estors, enfers, jurs, cors, ivers; dorm(i)t — dort; dorm(i)toriu —
dortoir* (vgl. § 125, 2 Anm.), *torn(e)t — turt* (Konj. Praes.),
enferm(i)tate — enfertet.

2) *rm'r* wird *rbr,* indem zwischen den beiden oralen
Konsonanten der (stimmhafte) labiale Nasal zum stimmhaften
oralen Labial wird. Beispiel: *marm(o)re — marbre.*

3) Auslaut.

§ 194. Im lateinischen Auslaut stehendes *m* wurde
bereits in der vorlitterarischen Zeit des Französischen zu *n*:
n blieb. Beispiele: *rem — rien, tom* (cl. *tūum) — ton, som*
(cl. *sūum) — son; en — en, non — non.*

92

Anm. Wegen *ja*, *que*, *so* s. § 24 Anm. Neben betontes *non* tritt im Französischen unbetontes *nen ne*.

C. Anhang: Die Konsonanten in Verbindung mit folgendem i̯ und u̯.

1. Die Konsonanten vor i̯¹).

a. Die oralen Konsonanten.

α. Verschlufslaute und Spiranten.

Labiale.

bi̯, vi̯.

§ 195. Die palatalisierten stimmhaften Labialen *b*, *v* ergeben *dž* (geschr. *g*, *j*), gleichviel, ob dieselben in intervokalischer (a) oder nachkonsonantischer (b) Stellung sich befinden.

Beispiele: a) *cavi̯a* — *cage* (*cadže*; vgl. § 142 Anm.), *diluvi̯u* — *delüge* (vgl. § 66 Anm.), *redovi̯u* — *reduge*; *gobi̯a* — *guge*, *robi̯u* — *ruge*, *tibi̯a* — *tige*, *laubi̯a* — *loge*, *rabi̯a* — *rage*; — *abbrevi̯are* — *abregier*, *grevi̯are* — *gregier*, *levi̯ariu* — *legier*; *Sabi̯acu* — *Sagy*, *gobi̯one* — *gujon*.

b) *salvi̯a* — *salge sauge*, *alvi̯a* — *alge auge*, *cervi̯a* — *cierge* (vgl. § 48 Anm.): *lombi̯a* — *longe*; *servi̯ente* — *serj-ant*: *cambi̯are* - *changier*.

Anm. Eine abweichende Behandlung der Gruppen *bi̯*, *vi̯* begegnet in den Verwandtschaftsnamen *aiuel* (*arioła*), *taie* (*atavia*), *taion* (*atarione*), die dem Kindermunde ihre Lautform verdanken. Wegen *geole* (*cariola*) s. S. 55, wegen *ai* (*habeo*), *dei* (*debeo*), jüngerem *aiant* (Part. Praes. von *aveir*) die Flexionslehre. Nicht volkstümliche Bildungsweise zeigen u. a. *fluere*, *deluvie*, *Arabie*.

pi̯, fi̯.

§ 196. Die palatalisierte stimmlose Labialis *p* wird zum stimmlosen Quetschlaut *tš* (geschr. *ch*). Beispiele: *sapi̯a* — *sache* (*salše*), *api̯a* — *ache*, *sepia* — *seche*, *hapi̯a* — *hache*;

---

¹) Nicht berücksichtigt ist in der folgenden Darstellung die Einwirkung palatalisierter Konsonanten auf die Entwickelung von folgendem freien betonten *a*. Vgl. § 52, 2 und 53, 2.

apiariu — achier, appropiare - aprochier, repropiare — reprochier. Clipiacu — Clichi, sapiatis — suchiez.

A n m. *Sage* weist auf *sabin* (statt *supin*) zurück, für das eine völlig befriedigende Erklärung fehlt. Jüngere Lehnwortform zeigt daneben begegnendes afrz. *saire*. Wegen der 1. Pers. Singl. des Praes. Ind. von *sareir, receivre, deceivre* etc.: *sai, receif, deceif* s. die Formenlehre; wegen *pigeon* vgl. S. 55.

2) *fi* fehlt in ursprünglich lateinischen Wörtern. Vgl. *cofia* (germ. *kuppja?*) *coiffe* und etwa noch *grafia* (gr. *γραφίον*) — *graiffe greffe*.

Dentale.

ti.

§ 197. Intervokales *ti* ergiebt *z'*, woraus, unter Loslösung eines epenthetischen *i: iz* (geschr. *is*), im französischen Auslaut des Stimmtons *is* entsteht. Beispiele: *potione — poison, otiosu — oisous, titione — *tiison tisou, satione — suison, ratione — raison; pretiare — preisier, adsatiare — assaisier; — Sarmatia — Sarmaise, menutia — menüise, pretiat — *priciset prisat, pretiu — *pricis pris, palatiu — palais.

A n m. 1. Gelehrt sind: *absolütion, devotion, discretion, cogitation, habitation, patience, precious, gracious* u. a., ferner mit abweichender Entwickelung von nachtonigem *ti: grace* (d. i. *gratse; gratia), espace (spatium), negoce (negotium), ostrüce (avis struthio)* und spät belegtes *astüce (astutia). Etymologisch undurchsichtiges *piece* wird auf älteres *pekia* (vgl. § 202) zurückgeführt, *mace* auf **mattia* (vgl. § 199), *place* auf **plattia* (angebildet an **plattus; cl. platea, gr. πλατεῖα). Für *chevez cherece* wird **capekiu *capekia* (statt *capetiu capetia*) als Grundform anzunehmen sein. Unerklärt ist *püiz* (cl. *püteus). — Wegen *arraisnier* (adrationare), asaisnier (adsationare)* vgl. § 132.

A n m. 2. Das Suffix *-etia* (cl. *-itia*) ergab regelrecht *-eise: prodetia — prodeise*, nach Palatal vielleicht (vgl. § 39, 2) *-ise: franchise, richise* (Poema Morale), woneben *richeise, jüstise* etc. auf Zft.XVI.-/92. Formenaustausch beruhen, *-ece* in *richece, parece* etc. und *-ice* in *avarice, letice, jüstice, premices, immondices* etc. jüngere, nicht volkstümliche Bildungen repräsentieren. Nicht belegt ist *-eis* (resp. *-is*) = *-etiu*, wofür analogisches *-ise, -ice* (*servise, service*) ausschließlich erscheinen.

§ 198. *sti* wird über *š* zu *is* (geschr. im Inlaut *iss*, im französischen Auslaut *is*). Beispiele: *frostiare — froissier;*

— 94 —

ostiu (vgl. § 68 Anm.) - *üis, posti* Vok. — *püis. bestia* —
*bieisse bisse (vgl. § 50). *angostia — angoisse.*

Anm. Nicht dem alten Erbwortschatz gehören an *oiste*
(*hostia*), *bestial* (*bestialem*), *Crestiien* (*Christianum*) u. a. Franz.
beste geht auf vlt. *besta* (neben *bestia*) zurück.

§ 199. Nach anderen Konsonanten als s wird *ti*
zu *ts* (geschr. *c, z*). Beispiele: *captiare — chacier* (*tšatsier*),
corroptiare — corrocier, suctiare — sücier, tractiare — tracier,
directiare — drecier, estrectiare — estrecier, esfortiare — esforcier,
entertiare — entercier, sortiariu — sorcier, altiore — alzour
auzour, exaltiare — esalcier esaucier, comènitiáre — comencier,
cantione — chancon (*tsántsön*), *nontiare — noncier*; *min(u)tiare —*
mincier; — *noptias* (vgl. § 20) — *noces, nuptia — niece* (vgl.
§ 48 Anm.), *captiat — chacet, mattia* (s. § 197 Anm. 1) — *mace,*
plattia (s. ib.) — *place, Escottia — Escoce, tractiat — tracet,*
escortia — escorce, fortia — force. Martiu — Marz. abantiat —
avancet, Suffix -*antia —* -*ance,* wie *enfantia — enfance,*
cadentia — ched-ance (vgl. § 12, 3 b).

Anm. Schwierigkeiten macht *ainz,* das, wenn es auf **antius*
zurückgeht, für -*ntiu* eine andere Entwickelung als für -*ntia*
voraussetzt. *doiz* (*doctio*) kann durch *doit* (*doctu*, vgl. § 162)
beeinflußt worden sein. *Cüison* (*coctione*) wurde an *cüire* angeglichen. — Die pikardische Mundart hat *tš* (geschr. meist
ch) an Stelle des franzischen *ts: cachier, canchon, March* etc.
Vgl. § 202 Anm.

si.

§ 200. Intervokales *si* wird über *z'* zu *iz* (geschr. *is*),
im französischen Auslaut *is.* Beispiele: *masione* (vgl. § 25) —
maison (*maizon*), *tosione — toison, basiare — baisier, clausione —*
cloison, advisione — *aviison avison; — kervesia — cerveise,
basiat — baiset, nausia — noise, artemesia — armeise, ecclesia
(vgl. § 30, 1) — **eglieise eglise; — pertusiu — pertüis, Dionysiu —*
Denis (halb gel.), *Yervasiu — Gervais.*

Anm. Wegen *seüs* aus älterem *seüis* (*segusiu*) s. § 205 Anm.
(*cür*). — Gelehrt sind *Denise, Ambroise* (*Ambrosius*) etc. und
die ihren Grundwörtern noch näher stehenden *Denisie; vision,*
confüsion, avision etc.

§ 201. *ssi* hat *is* (geschr. im Inlaut *iss,* im frz. Auslaut *is*), *nksi — ins* ergeben. Beispiele: *bassiare — baissier,*

messione — meisson; grassia (zu *crassus*, vgl. § 28, 1) — *graisse*, *espessial — espeisset, grossia — groisse; espessio — espeis.* *anksia (anxia) — ainse.*

A n m. *Passion* ist gelehrtes Wort.

Palatale.

kį.

§ 202. Intervokales *kį* wird zu *ts* (geschr. *c*, *z*). Beispiele: *akįariu* (zu cl. *acies*) — *acier* (*atsier*), *Bukiucu — Büci, Pakiucu — Paci: fakia* (cl. *faciem*) — *face, fakiut — facet, glakia* (cl. *glaciem*) — *glace, menakia — menace, pekia* (vgl. § 197 Anm.) — *piece* (vgl. § 48 Anm.), *lakiu — lüz, solakiu — sulaz, setakiu — sedaz, brakiu* (vgl. § 30, 3) — *braz, lakiu* (cl. *laqueus*) — *laz.*

A n m. *croisier* und *apaisier* sind französische Ableitungen von *crois, pais* (s. § 138 Anm.). *Oison* (vlt. *aukione*, Kass. Gl. 84) wurde an *oisel* (*aukellu*, s. § 19) angebildet. Auf Angleichung beruhen ferner die jüngeren Verbalformen *fais, plais, gis, Konj. gise, plaise, lüise* etc. (s. die Flexionslehre) und die Endungen *-is. -ise* in dem halbgelehrten *jüdis jüdise* (*judicium*). Wegen *espice, Galice, Grice* vgl. § 48 Anm. — Das Pikardische hat *ts* (geschr. meist *ch*) an Stelle des franzischen *ts: fache, brach* etc. Vgl. § 199 Anm.

§ 203. Nachkonsonantisch wird *kį* ebenfalls *ts* (geschr. *c*), ausgenommen in der Verbindung *skį*, die *is* ergiebt. Beispiele: a) *calkiare — chalcier chaucier, Colkiacu — Colci, lankiare — lancier, arcione* (von *arcus*) — *arcon* (*artson*); *lankia — lance, Frankia — France, onkia — once, orkia — urce, calkia — chalce chauce;* b) *peskione — peisson; fascia — faisse.*

A n m. Nicht völlig aufgeklärt ist frz. *nice,* das, wenn es auf lat. *nescius* zurückgeht, eine halbgelehrte Bildung aus *neskiu* ist oder dem Fem. *neskia* entspricht. — Im Pikardischen entspricht franzischem *ts* auch hier *tš: lanchier, archon. Franchon* etc. Vgl. § 202 Anm.

β. Die Liquiden.

lį.

§ 204. *lį, llį* werden über *il* zu *l*, das (a) im Inlaut zwischen Vokalen und im Auslaut bleibt (geschr. *ill,* *li, ll, l* [vor *i*], *il*), (b) v o r K o n s o n a n t, unter Verlust der Mouillierung, *l* ergiebt. Beispiele: a) *aliorsu — aillurs (alurs), colione — coillon, molliare — muillier; filia — filie, battalia — battaille, palia — paille, telia — teille, folia — fueille; doliu — dueil, doliu — duil, coliu — cuil, juliu — jüil, aliu — ail, conseliu — conseil, malliu — mail, metallia — medaille.*

b) *travail + s — travalz travalz travauz, filius — filz, melius — mielz, melior — mieldre, conseliet — conselt.*

Anm. Vgl. § 163. — Lehnwortform haben *concire (concilium), navire (navilium), Basire (Basilium)* u. a. (s. § 151. 2 Anm.), auch *apostolie, palie (pallium)* etc. Wegen *z (ts)* für *s* nach *l* s. S. 58; wegen der weiteren Schicksale des aus *l* entstandenen *l* § 281.

rį.

§ 205. Intervokales *rį* wird *ŕ*, woraus sich unter Loslösung eines epenthetischen *i* *ir* entwickelt. Beispiele: *variu — vair, mestriu* (s. § 84.1), — **mestieir mestir* (s. § 50), *coriu — *cueir cüir* (s. § 62), *morio — müir, dormitoriu — dortoir, aria — aire, paria — paire, feria — feire, feriat — *fieiret firet, morial — *mueiret müiret; variola — vairol* (halb gel.).

Anm. Abweichende Behandlung zeigen zahlreiche Lehnwörter, die je nach der Zeit ihrer Aufnahme verschiedene Lautformen aufweisen, z. B. *ivoire (eboreum), empire (imperium), contraire (contrarium); serorge (sororium), cierge (cereum); glorious (gloriosum), glorie (gloriam), memorie (memorium).* — In *cür (agurjo)* statt **cüir* erscheint die Vokalfolge *cüi* früh zu *cü* vereinfacht. — Wegen *-uriu — -ier* s. § 56, 2 Anm., wegen der auf Angleichung beruhenden Verbalformen *fieret (feriat), fier (ferio)* etc. die Formenlehre.

§ 206. Nachkonsonantisches *rį* wird ebenfalls *ŕ*, woraus *r* unter Abgabe eines *i* an die vorhergehende Silbe. Beispiele: *copriu — *cucivre cüivre, ebriu — *icivre ivre, ostria — üistre; repatriare — repaidrier, materiame — maidrien, impastoriare — empaistrier.*

Anm. Wegen *propre, sobre* s. § 112.

b Die Nasalen.

nį.

§ 207. Vulgärlateinische intervokale *nį*, *nnį*, *gnį* ergeben *iń*. Dieses *iń* bleibt (a) im französischen Auslaut (geschr. *ing*, *ign*), wird (b), unter Verlust der Mouillierung, *in* (geschr. *in*) vor Konsonant, wird (c), unter Verlust des epenthetischen *i*, *ń* (geschr. *ign*, *gn*) in auch französisch intervokaler Stellung.

Beispiele: a) *companįo — compaing (cömpáiń), manįo — maing, testimonįu — tesmoing, junįu — jüing, banįu* (s. § 178 Anm.) *— baing, conįu — coing, enyęnįu — *engieing enging* (vgl. § 157 Anm.), *lingu — *liń ling.*

b) *compaing + s — companz (cömpáints), junįus — jüinz, testimonįet — tesmoint, enyęnįet — *engieint engint.*

c) *testimonįare — tesmoignier, besonįare* (vlt. *sonįu*) — *besoignier, gwadanįare* (frk. **waidanjan) — gadaignier, banįare — baignier, onįone* (cl. *unionem*) — *oignon, senįore — seignóur; manįat — maignet, vinįa — vigne, Brettanįa — Bretaigne, Campanįa — Champaigne, tęnįa* (cl. *tinea*) — *teigne, aranįa — araigne, castanįa — chastaigne, Saxonįa — Saissoigne, caronįa — charoigne, gronniat — groignet, ensęgnįa — enseigne.*

Anm. Lehnwortform zeigen u. a. *demeigne (dominium), Antonie Antoine (Antonium); estrange (extraneum), lange (laneum), linge (lineum), grange (granea). — *Wegen *senįor — sire* vgl. § 11, 4 Anm., wegen *z (ts)* für *s* nach *ń* S. 58.

§ 208. *nnį* hat *ndž* und daneben unter noch nicht klargestellten Bedingungen seltener *ń* ergeben. Beispiele: *somnįare — songier (sóndžier) songnier (sóńier), dom(i)nįone — donjon (dóndžon) dognon (dóńon); calomnįa — chalonge caloigne, somnįu — songe.*

mį.

§ 209. *mį* und *mmį* werden zu *ndž* (geschr. *ng*). Beispiele: *vęndęmįa — vendenge, sįmįu — singe; commįatu — congięt.*

2. Die Konsonanten vor u̧.

§ 210. Die vulgärlateinischen Verbindungen von Kons. + *u̧* sind, soweit sie nicht bereits in vulgärlateinischer Zeit durch

Ausfall ihres zweiten, labialen Elementes wieder vereinfacht worden waren (s. § 23, 4) im Altfranzösischen in folgender Weise weiter entwickelt worden:

1) In den Verbindungen von einfachen Verschlußlauten oder *v* + *u̯* hat sich das erste konsonantische Element dem folgenden *u̯* assimiliert. Bleibt dann

a) *u̯* intervokalisch, so ist es nach dem Hochton zu dentolabialem *v* geworden; vor dem Hochton ist es nach *a, e* als bilabiale Spirans *w* geblieben, während es sich in gleicher Stellung an vorhergehende labiale Vokale (*u, o*) assimiliert hat. Beispiele: *vedu̯a* (cl. *vidua*) — *veve; abu̯isti* — *awis, plaku̯isti* — *plawis, credu̯isti* — *crewis, crevu̯isti* — *crewis; cognovu̯isti* — *conuïs. potu̯isti* — *poïs.*

b) Vor Konsonant oder *i̯* ist nachtoniges *u̯* zu *u* vokalisiert, das mit dem vorhergehenden Vokal in verschiedener Weise sich verbindet. Beispiele: *abu̯it* — *au̯(i)t* — *óut, plaku̯it* — *plout, debu̯it* — *düt, abu̯erunt* — *óurent; sapu̯i* Vok. — *soi, abu̯i* Vok. — *oi, potu̯i* Vok. — *poi.*

2) In den Verbindungen *lu̯, nu̯* sind *l, n* geblieben, *u̯* in vor- und nachtoniger Stellung (a) vor Vokal zur dentolabialen Spirans *v* geworden, (b) vor Konsonant und *i̯* geschwunden. Beispiele: *anu̯ale* (cl. *annualem*) — *anvel, yenu̯arju* — *janvier, tenu̯e* — *tenve, tenu̯isti* — **tenvis, volu̯isti* — **volvis, volu̯isse* — **volvisse.* b) *volu̯it* — *volt, tenu̯it* — *tint, ténu̯erunt* — *tindrent, volu̯i* Vok. — *voil, tenu̯i* — **tin.*

Anm. Vgl. zu den in diesem Paragraph angesetzten Formen starker Präterita der *ui*-Klasse die Formenlehre.

Kap. IV.

Die altfranzösischen Laute und ihre spätere Entwickelung.

I. Vokalismus.

A. Die Haupttonvokale.

Im folgenden sollen die wichtigsten Quellen der zu Beginn der litterarischen Zeit im Französischen vorhandenen

Tonvokale angegeben und deren weitere Entwickelung bis
gegen Ende der altfranzösischen Zeit skizziert werden.

§ 211. Um das Jahr 1100 besafs das Franzische unter
dem Hauptton 1) die oralen Monophthonge *i ę ȩ a ǫ ų(o) ü,*
2) die oralen·Diphthonge und Triphthonge *ęi(ai) ęi ǫi ǫi ǫui
ǫu ǫu ǫu öu ęu ię ué iéu (ęu)*, 3) die nasalen Monophthonge
ĩ ẽ ã ǫ ũ, 4) die nasalen Diphthonge *ãi ĩi ǫi ũi ię ué.*

1. Die oralen Monophthonge.

i.

§ 212. *ị* geht zurück auf
1) freies und gedecktes vlt. *į,* z. B. *qui, rive, vis; ville.*
S. § 36.
2) vlt. *i* + epenthetischem *į,* z. B. *mie, dire.* S. § 38.
3) lat. *i* und spätgriech. *i = ī,* in Lehnwörtern, z. B. *livre,
epistre; tapis.* S. § 39, 1 Anm., § 40, 2 Anm., § 41 Anm.
4) vlt. *ę* + epenthetischem *į,* z. B. *mi, diz, lit, pri, piz.*
S. § 50.
5) freies vlt. *ȩ* hinter Palatalen, z. B. *cive, cire, plaisir.*
S. § 39, 2.
6) vlt. *a* + epenthetischem *į,* wenn dem *a* ein Palatal
vorangeht, z. B. *gist. Champigni.* S. § 56, 2.
7) freies und gedecktes *ȩ* unter dem Einflufs eines *i* der
folgenden Silbe, z. B. *fis, cist.* S. § 44.

§ 213. Französisches *i* bleibt erhalten.

e.

§ 214. Es gab gegen Ausgang des 11. Jahrhunderts
d r e i verschiedene *e,* welche nicht miteinander assonieren und
demnach eine verschiedene Aussprache gehabt haben. Es sind
dies *ẹ, ę* und *ȩ.*
§ 215. *ẹ* entspricht vlt. gedecktem *ȩ,* z. B. *mẹtre, ęspẹs.*
S. § 41.
2) *ę* geht auf vlt. freies *a* zurück, z. B. *pęrt (paret), nẹs,
fręve.* S. § 52, 1.
Nach Ausweis der Reime ist im Französchen etwa seit
der Mitte des 13. Jahrhunderts *ȩ* v o r K o n s o n a n t in *ȩ* übergegangen.

7*

Bevor im Franzischen *ẹ̈* zu *ẹ* geworden war, hatte es mit folgendem *u* aus *l* Kons. den Diphthongen *ẹ̈u* (s. § 281) ergeben, der über *ö̈u* seit dem 13. Jahrhundert zu *ö* sich entwickelt hat. Die Darstellung des Lautes bleibt *eu*, z. B. *eus* (früher *ẹ̈ls;* cl. *illos*), *ceus (cẹ̈ls), cheveus (chevẹ̈ls)*. Weniger durchsichtig ist die Entwickelungsgeschichte von *ẹ̈u* aus *ẹ̈l* Kons. Nach neueren Darlegungen (s. Anhang) ist hier für das Franzische der Übergang von *ẹ̈u* zu *ieu* anzunehmen, wofür auf nfrz. *pieu (pẹl-s = palus)* und häufige mittelalterliche Formen französcher Texte wie *tieus (talis), ostieus (ospitalis)* hingewiesen wird.

Im Auslaut bleibt der geschlossene *ẹ-*Laut, z. B. *amẹ (amatu), prẹ (pratu)*.

Anm. Bei anglonormannischen Autoren begegnen Reime von *ẹ* zu *ẹ* bereits zu Anfang des 12. Jahrhunderts, z. B. *met (mẹttit)*: *est* Phil. de Thaun, Bestiaire 428. *ẹl* Kons. ist hier aufser zu *eu* Kons. über *ẹl* Kons. zu *eau* Kons. (vgl. § 117) geworden. — Im Pikardischen und Champagnischen ist *ẹl* Kons. in *ẹl* Kons., dieses mit ursprünglichem *ẹl* Kons. in *iau* (statt franz. *eau* s. § 117) übergegangen.

Einen Zuwachs erhielt *ẹ* in der zweiten Periode dadurch, dafs im Auslaut älteres *ẹ* (s. § 216 und § 227) geschlossen wurde.

§ 216. *ẹ* entspricht:

1) vlt. gedecktem *ẹ*, z. B. *pẹrt (perdit), sẹt. bẹl, fẹr.* S. § 48.

2) freiem *e* in gelehrten Wörtern, z. B. *secrẹt, prophẹte.* S. § 39, 1 Anm.

3) französischem *ẹi* aus *ai* vor mehrfacher Konsonanz, z. B. *mẹstre, pẹstre.* S. § 56.

§ 217. Vor gedecktem *l* oder daraus entstandenem *u* ist *ẹ* zu *ẹ^a*, dann *eá* geworden. Dieser Lautübergang reicht in seinen Anfängen vielleicht noch in das 11. Jahrhundert zurück und hatte im Franzischen seinen Abschlufs erreicht, bevor dort *ẹ* vor Konsonant mit *ẹ* zusammenfiel (s. § 215). Beispiele: *bẹ^als — beáus (bẹllos), hẹ^alme — heáume* (germ. *hëlm*), *pẹ^als — peáus (pẹllis)*. In allen anderen Fällen ist *ẹ* im Franzischen vor Konsonant unverändert geblieben. Im Wortauslaut nahm es geschlossene Aussprache an. z. B. *secrẹ, decrẹ*.

Anm. Einen erheblichen Zuwachs erhalten die Wörter mit
ç im Verlaufe der zweiten Periode dadurch, dafs allmählich sämtliche noch nicht kontrahierten çi kontrahiert werden (s. § 227)
und ursprünglich geschlossenes ç in der Stellung vor Konsonant
offene Aussprache annimmt (s. § 215).

Vor gedecktem r (auch rr) begegnet für primäres und sekundäres ç bei französchen Autoren zuweilen a, z. B. large: sarge
(serica) Ruteb., haubert: pluspart Villon, part (parte): part (perdit)
ibd., charge: verge (virga) Marot, alarmes: fermes ibd.; auch für
e aus ai: armes: larmes (lacrimas) Rnteb. Diese Formen sind
wahrscheinlich nicht französchen Ursprungs, sondern verraten Beeinflussung der Schriftsprache durch südliche und südöstliche
Mundarten.

a.

§ 218. a beruht auf

1) vlt. oder roman. gedecktem a, z. B. vache, pas, val,
bataille; asne. S. § 54.

2) freiem a in Lehnwörtern, z. B. pape, cave, leal, missal.
S. § 52 Anm.

§ 219. Französisches a bleibt erhalten. Wegen al Kons.
s. § 57, 3.

ọ.

§ 220. ọ entspricht

1) vlt. gedecktem ọ, z. B. pọrte, fọl, cọrn, dọs, tọst.
S. § 60.

2) vlt. freiem und gedecktem au, z. B. ọr, chọse, fọrge,
tọle. S. § 73.

3) lat. ō und ŏ in gelehrten Wörtern, z. B. nọble, devọt,
escọle, rọse. S. § 66 Anm., § 58 Anm.

§ 221. In der Entwickelung zum Neufranzösischen ist
ọ zu o geworden, wenn es in den Wortauslaut trat, ferner
vor intervokalem s und vor verstummtem s in dem Nexus
s + Kons., z. B. do(s), devo(t), hôte, côte, chose, rose; dagegen
pọrte, fọrge, fọl, écọle, rọbe. Wieweit und ob diese im Neufranzösischen vorhandene Differenzierung in die altfranzösische
Zeit hinaufreicht, bedarf noch näherer Untersuchung.

Mit folgendem u aus l Kons. ergab ọ den Diphthongen
ọu (s. § 281), der über óu im 13. Jahrhundert zu u geworden
ist. Die Bezeichnung des Lautes bleibt ou, das um dieselbe

Zeit in franzischen Texten auch zur Darstellung von älterem
u (s. § 223) in Anwendung kommt. Beispiele: *fous* (*fǫls*),
chous (*chǫls; caulis*).

Anm. Auf den Einfluſs anderer Mundarten ist es zurückzuführen, wenn für *ǫ* vor Kons. in franzischen Texten gelegent-
lich *ou* (z. B. *chouse, repouse*) erscheint. In *lou* (*laudo*), *loues* etc.
ist dagegen *ou* (phonet. *u*) aus den endungsbetonten Formen eingedrungen, in denen vor Vokal frühzeitig *u* aus ursprünglichem *ǫ*
über *o* sich entwickelt hatte.

u̧.

§ 222. *u̧* geht auf vlt. gedecktes *ǫ* zurück, z. B. *cǫrt,
gǫte, jǫrn.* S. § 66. Vgl. auch § 64 Anm.

§ 223. Mit folgendem *u* aus *l* ᴷᵒⁿˢ· ergab *u̧* den Diphthongen
ǫu (s. § 281), der seit dem 13. Jahrhundert zu *u̧* vereinfacht
worden ist. Die Bezeichnung des Lautes bleibt *ou* auch nach
eingetretener Monophthongierung (vgl. § 221). Beispiele:
pǫudre — poudre (*polvere*), *mǫut — mout* (*mǫltu*).

In allen anderen Fällen ist *u̧*, abgesehen von chronologisch
im einzelnen nicht genau bestimmtem Übergang in den entsprechenden geschlossenen Laut, unverändert geblieben. In
der Schreibung begegnet lange *o* neben *u*, das unbequem war,
weil es auch den auf lat. *u̧* zurückgehenden *ü*-Laut (s. § 70)
bezeichnete. Die Wiedergabe des Lautes mit *ou* läſst sich in
franzischen Handschriften seit dem 13. Jahrhundert nachweisen, ist aber erst im Laufe der neufranzösischen Zeit durchgedrungen.

Anm. Zuwachs erhalten die Wörter mit *u* seit dem 13. Jahrhundert durch Monophthongierung des aus *ǫu* entstandenen *ǫu* (s.
§ 239). — Beachte auch § 241 Anm.

ü.

§ 224. *ü* entspricht

1) vlt. freiem und gedecktem *u̧*, z. B. *cüre, üs, nül, füst.*
S. § 70.

2) vlt. *ǫ + u̧*, z. B. *düt, crüt.* S. § 45. Vgl. auch § 51
Anm., § 63 Anm., § 69 Anm.

3) lat. *ü* in gelehrten Wörtern, z. B. *rüde. estüde.* S.
§ 64 Anm.

§ 225. Der Laut *ü* ist im Französischen geblieben und stets durch das Zeichen *u* dargestellt worden.

2. Die oralen Diphthonge und Triphthonge.

ái-éi.

§ 226. Der Diphthong *ei̯* geht zurück auf:

1) vlt. *ai*, z. B. *amai, chantai*. S. § 22.

2) frz. *ai = a +* epenthetischem *i*. z. B. *faire, fait, vair, braie, fai*. S. § 56.

§ 227. *ei̯* ist zu *ẹ* geworden, wofür im Wortauslaut, wie für jedes andere *ẹ* in gleicher Stellung, etwa seit Mitte des 13. Jahrhunderts auch *ẹ* bezeugt ist. Vor mehrfacher Konsonanz dürfte, wie § 56 angenommen wurde, Monophthongierung bereits im Ausgang des 11. Jahrhunderts eingetreten sein. Zu Beginn des 12. Jahrhunderts reimt Ph. de Thaun *Silvestre: maistre* Comp. 485, *beste: paistre* ib. 1427, 1775. Es folgt *ei̯* vor silbeschliefsender Konsonanz in anderen Fällen, z. B. *mais: apres* im Kreuzlied vom Jahre 1146. Am längsten hat sich im Auslaut und vor Vokal die diphthongische Aussprache behauptet. Eine eingehende Untersuchung, die namentlich auch die einzelnen Dialekte zu berücksichtigen hätte, fehlt. — Wegen *ai* in *aigre, maigre* s. § 162 Anm., wegen *ẹ*ᵃ in *ẹᵃue (akꭓa)* s. § 159.

éi.

§ 228. *ẹi̯* geht zurück auf

1) freies vlt. *ẹ*, z. B. *mẹi̯, mẹis. vẹit*. S. § 39.

2) vlt. *ẹ +* epenthetischem *i̯*, z. B. *tẹit, nẹir*. S. § 43.

§ 229. *ẹi̯* ist, wohl durch *öi̯*, zu *ọi̯* geworden, das in haupttoniger Silbe seit Mitte des 12. Jahrhunderts belegt ist und vielleicht zuerst nach labialen Konsonanten eintrat. Beispiele: *meis — mọis, veit — vọit, teit — tọit, neir — nọir*. Wegen der weiteren Entwickelung von *ọi̯* s. § 231.

Anm. In der normannischen und in anderen westfranzösischen Mundarten hat *ẹi̯* nicht *ọi̯*, sondern *ẹi̯ ẹ* ergeben. Eine genaue Abgrenzung dieses westfranzösischen *ei*-Gebietes fehlt zur Zeit noch. Die Thatsache, dafs die Schriftsprache neben der gewöhnlichen Entwickelung von *ẹi̯* zu *ọi̯* in mehreren Fällen diejenige zu *ẹi̯, ẹ* (geschr. *ai*) aufweist, läfst es als möglich erscheinen, dafs die Grenze jenes westfranzösischen *ei-* und des östlichen *oi*-Gebietes die Hauptstadt berührte, so dafs in schriftfranzösischem *monnaie (monẹta), saic (sẹta)* etc. neben *moi, mois* etc. gleichberechtigte Formen des franzischen Dialektgebietes zu sehen wären.

ọ̈i.

§ 230. *ọi* geht zurück auf

1) vlt. *au* + epenthetischem *i̯*, z. B. *jọ̈ie (džọ̈ie), nọ̈ise.* S. § 74.

2) vlt. *a* + *u̯i* in den Perfektformen *ọ̈i, sọ̈i, plọ̈i, pọ̈i.* S. § 57, 2.

§ 231. *ọ̈i* aus *au* + *i̯* und jüngeres *ọ̈i* aus *ẹi* (s. § 229) sind vor Konsonant etwa seit Beginn des 13. Jahrhunderts über *ọ̈i̯* zu *ọ̈ẹ* und weiter zu *ọ̈ẹ́, u̯ẹ́* geworden. Die Darstellung des Lautes bleibt *oi*, woneben vereinzelt seit dem 13. Jahrhundert die Schreibung *oe* sich findet. Im Wortauslaut und vor Vokal ist die gleiche Entwickelung später erfolgt und hier nicht vor dem 16. Jahrhundert zum Abschlufs gelangt.

An m. Wegen der starken Perfektformen *ọ̈i, sọ̈i* etc. vgl. die Formenlehre.

ọ́i.

§ 232. *ọ́i* entspricht vlt. *o* + epenthetischem *i̯*, z. B. *vọ́iz, connọ́is, angọ́isse.* S. § 68.

§ 233. Seit der ersten Hälfte des 13. Jahrhunderts begegnet *ọ́i* in franzischen Texten im Reime mit älterem *ọ̈i* (s. § 230) und mit jüngerem *ọ́i* aus *ei* (s. § 229), mit denen es auf der Lautstufe *ọẹ́* zusammentraf.

üi.

§ 234. *üi* geht zurück auf

1) vlt. *u̯i*, z. B. *cüi, lüi, füi.* S. § 72.

2) vlt. *u̯* + epenthetischem *i̯*, z. B. *früit, lüist.* S. § 72.

3) vlt. *o* + epenthetischem *i̯*, z. B. *cüit, nüit.* S. § 62.

4) vlt. *ẹ* + *u̯i, ẹ* + *u̯i, o* + *u̯i, (o* + *u̯i)*, z. B. *estüi, düi, nüi, (müi).* Vgl. die §§ 51, 45, 63, 69 Anm.

S. ferner § 68 Anm.

§ 235. *üi* ist, wie Reime und Assonanzen von *üi: i* erkennen lassen, im Laufe des 12. Jahrhunderts zu *üi* geworden. Die Bezeichnung des Lautes bleibt *ui*.

áu.

§ 236. *áu* geht auf *al* Kons. zurück, z. B *háut, fáut, fáus.* S. § 57, 3 und § 178.

§ 237. *áu* ist im Franzischen während der altfranzösischen Zeit unter dem Hauptton im wesentlichen unverändert geblieben. Noch im 16. Jahrhundert bezeugen die Grammatiker die Aussprache *au*, *ao* neben monophthongischem *o*. In der graphischen Darstellung begegnet für *au* etymologisches *al*, in jüngeren Handschriften *aul*, z. B. *altre aultre* neben *autre*.

Anm. Zuwachs erhielt *áu* in der zweiten altfranzösischen Periode durch die Aufnahme von Lehnwörtern mit dem Diphthongen *au*, z. B. *ráuc, cáut.*

ou.

§ 238. *ǫu* geht zurück auf:
1) vlt. *a + u*, z. B. *fǫu, clǫu, ǫut, pǫurent.* S. § 57.
2) vlt. *au + u*, z. B. *pǫu. trǫu.* S. § 75.

§ 239. *ǫu* ist etwa seit dem 13. Jahrhundert über *óu* zu *u* geworden. Die Bezeichnung des Lautes bleibt *ou*, das jetzt ebenfalls zur graphischen Darstellung des älteren französischen *u* (vlt. *ọ*; s. § 223) verwendet wird. Beispiele: *trǫu — trou, clǫu — clou, Anjǫu — Anjou.*

Anm. Auf dialektischer Differenzierung dürfte es beruhen, wenn in *peu, bleu* (frk. *bláu*) und sonst *óu* aus *ǫu* in Übereinstimmung mit älterem *ǫu* (s. § 241) zu *ọu ö* (geschr. *eu*) fortgeschritten ist. Wegen der stammbetonten Perfektformen der Verba der *ui*-Klasse vgl. die Formenlehre. — Zuwachs erhält *ǫu* (—*óu—u*) durch Vokalisierung des *l* in der Verbindung *ol* Kons. (s. § 221). Auf der Stufe *óu* fällt damit auch das Entwickelungsprodukt aus *ụl* Kons. (s. § 223) zusammen.

óu.

§ 240. *óu* geht zurück auf
1) vlt. *o + u*, z. B. *dóus, lóu.* S. § 60.
2) vlt. freies *o*, z. B. *(h)onóur, góule.* S. § 64.

§ 241. *ọu* ist seit dem 12. Jahrhundert in *ȏu* übergegangen, woraus sich etwa seit dem 13. Jahrhundert monophthongisches *ö* entwickelt. Die Bezeichnung der aus *ọu* entstandenen neuen Laute ist *eu*, z. B. *deus, honeur, neveu, seul, gueule.*

A n m. Neben *eu* erscheint in franzischen Texten bis in die neufranzösische Zeit *o, u,* worin sich westfranzösische, spez. normannische Lautgebung (s. § 64 Anm.) erkennen läfst. Vgl. das § 229 Anm. zu *ei* Bemerkte. — Über jüngeres *ọu*, dafs die Entwickelung zu *ȏu* nicht mehr mitmachte, sondern zu *u* monophthongiert wurde, s. § 239.

öu.

§ 242. *öu* geht auf vlt. *ọ + u* zurück, z. B. *föu, jöu, köu.* S. § 63.

§ 243. In der weiteren Entwickelung ist *öu* mit jüngerem *öu* aus *ọu* (s. § 241), *uel* Kons. (s. § 248) und *ęl* Kons. (s. § 215) zu *ö* geworden. Die Darstellung des Lautes ist vor und nach eingetretener Monophthongierung *eu*, z. B. *feu, jeu, queu.*

éu.

§ 244. *ęu* entspricht in franzischen Texten lateinischem *ęu* in gelehrten Wörtern, in denen es mit volkstümlichem *ieu* wechselt, z. B. *Dęu, Ebręu, Andręu* (s. § 51 Anm.). Soweit *ęu* nicht vorher *ieu* (vgl. wegen dieses § 249) den Platz geräumt hatte, ist es seit dem 13. Jahrhundert zu *ö* monophthongiert worden. Die Bezeichnung des Lautes bleibt *eu* (*Hebreu*). Wegen jüngerem *ęu* aus *ęl* Kons. und *ęl* Kons. s. § 215.

ié.

§ 245. *ié* geht zurück auf
1) vlt. freies *ę*, z. B. *briéf, liévre.* S. § 46. Vgl. auch § 48 Anm.
2) vlt. freies *a* hinter palatalen bzw. palatalisierten Konsonanten oder Konsonantengruppen, z. B. *chiér, traitiér.* S. § 52, 2.
Vgl. ferner § 56, 2 Anm.

§ 246. Nach den Affrikaten *tš* (geschr. *ch*) und *dž* (geschr. *j, g*) ist *ié* seit dem Ausgang des 13. Jahrhunderts

zu e vereinfacht worden, z. B. *chier* — *cher, chievre* — *chevre.*
aprochier — *aprocher, legier* — *leger, vengier* — *venger.* — Mit
folgendem *u* aus *l* Kons. hat *ié* den Triphthongen *iéu* ergeben,
der über *iöu* etwa im 13. Jahrhundert zu *iö* (geschr. *ieu*)
geworden ist, z. B. *mielz* (*melius*) — *mieus, ciels* (*k(los*) —
cieus. — In anderen Fällen hat *ié* im Französchen lautmechanische Veränderungen, abgesehen von dem im einzelnen
noch nicht eingehend untersuchten Wechsel von *ie* und *ié*,
nicht erfahren.

Anm. 1. Infolge **Angleichung** der Formen der Verba
erster Konjugation, in denen sich aus *a* unter den angegebenen
Bedingungen *ie* entwickelt hatte, an die entsprechenden Formen
der zahlreicheren Verba auf *-er* ist hier *ie* allmählich durch *e*
auch dann verdrängt worden, wenn vorhergehende *tš*, *dž* eine
Vereinfachung auf lautphysiologischem Wege nicht bereits bedingten. So erklären sich z. B. *traiter* für *traitier*, *traitez* für
traitiez, *traiterent* für *traitierent*, *traite* für *traitie*. Vgl. die Formenlehre. Andere hier einschlägige Fälle von Lautsubstitution finden
in der Wortbildungslehre ihre Erklärung.

Anm. 2. In **ostfranzösischen Mundarten** ist *-iee*
(*-iata*) zu *-ie* und auf kleinerem Gebiet allgemein *ie* zu *i* vereinfacht worden. Im **Anglonormannischen** wurde etwa seit
Mitte des 12. Jahrhunderts jedes *ie* zu *e* reduziert.

ué.

§ 247. *ué* geht auf vlt. freies *ǫ* zurück, z. B. *pruévet*.
buéf, nuéf. S. § 58. Vgl. auch § 60 Anm.

§ 248. *ué* ist im 13. Jahrhundert über *uö* zu *ö* geworden
und so mit *öu* (s. § 243) *ǫu* (s. § 241) und *ïl* Kons. (§ 215) in der
Entwickelung zusammengetroffen. In der graphischen Darstellung findet sich jetzt für *ue, oe* häufig *eu* (vgl. § 241),
woneben noch die Schreibung *ucu, oeu* in Gebrauch kommt. —
ę aus *ué* kennt die Schriftsprache vor auslautender palataler
Tenuis in *avec* (aus *avuéc; ap[ud] ǫc), ïlec* (aus *iluéc; illo lǫco*).
Mit folgendem *u* aus *l* Kons. ergab *ué* den Triphthongen
uéu, der zu *öu* (geschr. *eu*), dann im 13. Jahrhundert weiter
zu *ö* vereinfacht wurde. Die Bezeichnung des Lautes bleibt
auch nach eingetretener Monophthongierung *eu*, z. B. *vuelt*
(**vǫlet*) — *veut, duelt* (*dǫlet*) — *deut, filluels* (*filiǫlus*) — *filleus.*
Vgl. § 63.

Anm. Mundartlich ist *uel* Kons., wohl über *üéu*, zu *iéu* (später *iö* und *iu*) geworden, z. B. *diéut* (aus *duelt*; *dolet*), *chevriéus* (aus *chevruéls*; *capriólus*), *iéus* (aus *uelz*, *uelz*; *óculos*). Diese Bildungsweise lebt in *yeux* (*oeulos*) in der Schriftsprache heute fort, dürfte aber dem Franzischen von Haus aus nicht angehört haben. Vgl. § 63 Anm. *gieu, lieu,* deren *iéu* vielleicht in analoger Weise aus *üéu* zu erklären ist.

ieu, (eau).

§ 249. Der Triphthong *ieu* geht zurück auf vlt. *ę + u*, z. B. *Dęu — Dieu, Andręu — Andrieu.* S. § 51. — *ieu* hat sich in der Schriftsprache über *iöu* zu *iö* (geschr. *ieu*) entwickelt.

Anm. Wegen jüngerem *iéu* aus *ię̌ + l* Kons. s. § 246, aus *ę̃l* Kons. § 214, 2, aus *uel* Kons. § 248 Anm.; wegen *lieu, gieu* s. § 63 Anm. und § 248 Anm. — Aufser *ieu* kennt das Französische noch triphthongisches *eau*, das gegen Ausgang der ersten oder zu Beginn der zweiten Periode aus *ę + l* Kons. entstanden ist, z. B. *bęls — beaus, aignels — aigneaus, chapęls — chapeaus.* S. § 217, 281. *eau* ist *áu* geworden und in der weiteren Entwickelung mit älterem *áu* (s. § 237) zusammengefallen. Wegen *eaue* (*akwa*) vgl. § 159.

3. Die nasalen Monophthonge und Diphthonge.

§ 250. Vorbemerkungen. Die Entwickelungsgeschichte der Nasalvokale ist im einzelnen wenig aufgeklärt. Aufser *a*, *e*, *ai*, *ei* (s. § 35, 5) assonieren noch in der zweiten Periode des Altfranzösischen die Vokale vor Nasal mit den entsprechenden Vokalen, wenn auf dieselben ein nasaler Konsonant nicht folgt, so dafs sich der Eintritt der Nasalierung derselben aus den Assonanzen nicht erschliefsen läfst. Es werden gebunden *in* mit *i*, *on* mit *o*, *ün* mit *ü*, *oin* mit *o*, *üin* mit *ü*, *ien* mit *ie*, *uen* mit *ue*. In jüngeren assonierenden Denkmälern zeigt sich das Bestreben, *o* vor Nasal von sonstigem *o* zu trennen.

Hinter dem nasalierten Vokal lautet im Altfranzösischen noch der nasale Konsonant. Letzterer ist in der Weiterentwickelung der Sprache zum Neufranzösischen im unmittelbaren Wortauslaut und im Wortinnern vor Konsonant geschwunden. Es entsprechen demnach z. B. jüngeren *ã* (geschr.

an) und *mäš̩* (geschr. *manche*) ältere *än* (*annu*) und *mänt̆šc*
(*manica*). Im Altfranzösischen war auch vor einfachem, silbeanlautendem Nasal (incl. *ń*) Nasalierung des Vokals eingetreten. Man sprach *bōne*, *pōme*, *fāme*, wie dies die
Qualität des Vokals im Neufranzösischen und die Doppel-
schreibung des nasalen Konsonanten (*bonne, pomme, femme*)
erschliefsen lassen. In welchem Umfange hier im Altfranzösischen Nasalierung eingetreten war und wann die spätere
Entnasalierung im einzelnen Falle erfolgt ist, entzieht sich
der Beobachtung.

ĭ.

§ 251. *ĭ* geht zurück auf:

1) vlt. *i̥* vor einfachem und gedecktem Nasal, z. B. *espine;*
pin; cinq; ligne. S. § 37. Vgl. auch § 40 Anm.

2) vlt. *i̥ + i̥* vor Nasal, z. B. *ling.* S. § 38.

3) vlt. *e̥* vor einfachem Nasal, wenn Palatal vorhergeht,
z. B. *raisin, polcin.* S. § 40, 2.

4) lat. *ĭ* vor Nasal in Lehnwörtern, z. B. *simple, digne.*
S. § 42 Anm.

5) vlt. *e̥* vor Nasal, wenn die Nachtonsilbe *i̥* enthält, z. B.
vin, tin. S. § 44.

6) vlt. *e̥ + i̥* vor Nasal, z. B. *engin, engint.* S. § 50.

ĕ.

§ 252. *ĕ* geht zurück auf vlt. *e̥* vor *ń*, z. B. *teigne, deigne.*
S. § 42.

ä.

§ 253. *ä* geht zurück auf:

1) vlt. *a* vor gedecktem Nasal, z. B. *ample, tant.*
S. § 55.

2) vlt. *e̥* vor gedecktem Nasal, z. B. *prendre, fendre.*
S. § 42.

3) vlt. *ę* vor gedecktem Nasal, z. B. *temple, gendre.*
S. § 49.

Vgl. noch § 12, 3b und § 97 Anm.

ọ.

§ 254. *ọ* geht zurück auf:

1) vlt. *ọ* vor einfachem und gedecktem Nasal, z. B. *persone, maison, lion; mont, onde, nombre.* S. § 65 und § 67.

2) vlt. *ọ* vor gedecktem Nasal, z. B. *pont, contre, conte.* S. § 61.

Vgl. noch § 59 Anm., § 53 Anm., § 54 Anm., § 55 Anm.

§ 255. *ọ* hat in späterer Entwickelung *õ* ergeben, das erst in der neufranzösischen Zeit vollständig durchgedrungen ist. Wegen nfrz. *ọ* in *personne, bonne, pomme, couronne* etc. s. § 250.

ü̃.

§ 256. *ü̃* geht zurück auf vlt. *ü̃* vor einfachem und gedecktem Nasal, z. B. *ün, prüne, allüme.* S. § 71.

Vgl. auch § 66 Anm.

ái.

§ 257. *ái* geht zurück auf:

1) vlt. *a* vor freiem Nasal, z. B. *pain, main; aimes, laine.* S. § 53, 1.

2) vlt. *a + i* vor Nasal, z. B. *plaint, fraindre.* S. § 56.

§ 258. *ái* ist in der weiteren Entwickelung mit *ẹi* zusammengetroffen. Der gemeinschaftliche Laut war in der Schriftsprache wohl seit dem 12. Jahrhundert *ẹi*, wofür dann monophthonges *ẹ* früh auftaucht, aber erst in neufranzösischer Zeit (daneben hier vor einfachem inlautenden Nasal mit Denasalierung *ẹ*) allgemein geworden ist.

ẹi.

§ 259. *ẹi* geht zurück auf:

1) vlt. *ẹ* vor freiem Nasal, z. B. *frein, sein; pleine.* S. § 40, 1.

2) vlt. *ẹ + i* vor Nasal, z. B. *peint, feint.* S. § 43.

Anm. Wegen der späteren Entwickelung s. § 258. — Aus dem Einflufs östlicher Mundarten auf die Schriftsprache erklärt sich *ọi — oẹ* (s. § 261) in *moins (mẹnus), moindre (mẹnor), foin (fẹnu), avoine (avẹna).* Vgl. § 11. 3.

o̦i.

§ 260. o̦i geht zurück auf vlt. o + i̥ vor Nasal, z. B. poíng, point. S. § 68. Vgl. § 259 Anm.

§ 261. o̦i ist über o̤i zu o̤ẹ geworden, eine Entwickelung, die nach dem Zeugnis französischer Grammatiker wie Pals-grave in der Schriftsprache im 16. Jahrhundert noch nicht zum Abschlufs gelangt war.

üi.

§ 262. üi geht zurück auf vlt. u + i̥ vor Nasal, z. B. jüin. S. § 72.

ié.

§ 263. ié geht zurück auf:
1) vlt. e vor freiem Nasal, z. B. bien, vient, tient. S. § 47.
2) vlt. a vor freiem Nasal, wenn dem a Palatal voran-geht, z. B. chien, païen. S. § 53, 2.
Vgl. auch § 40, 1 Anm. und § 50 Anm. 2.

ué.

§ 264. ué geht zurück auf vlt. o vor freiem Nasal, z. B. buen, cuens, tuenent. S. § 59.

B. Die Nachtonvokale.

§ 265. Die wenigen zu Beginn des 12. Jahrhunderts in der Sprache noch vorhandenen wirklichen oder scheinbaren Proparoxytona (s. § 76 Anm.) wie angele, imagene, virgene, aneme, apostele erscheinen in der zweiten Periode des Alt-französischen als ange, image, virge, anme ame, apostle etc.

§ 266. Im Wortauslaut war nach dem Wirken des § 77—80 skizzierten Auslautsgesetzes als selbständiger (silbiger) Nachtonvokal nur e vorhanden. Dasselbe ist im späteren Alt-französisch nach Konsonant durchweg erhalten geblieben, z. B. terre, porte, levre, homme, tiede, ache, aimes. Im Hiat zum Tonvokal beginnt es dagegen seit dem 15. Jahrhundert (vereinzelt früher) seinen Silbenwert einzubüfsen, zunächst

vorwiegend nach einfachem Vokal, wie in *riẹ, miẹ, veniẹ,* in
geringerem Umfang nach Diphthong, wie in *voiẹ, joiẹ, plüiẹ.*
Anm. Wegen der Verbalendungen *-oie, -oies, -oient* s. die
Formenlehre. — Im **Anglonormannischen** beginnt tonloses
auslautendes *ẹ* bereits in der zweiten Hälfte des 12.
Jahrhunderts hinter Konsonant und hinter Vokal zu verstummen.

C. Die Vortonvokale.

a) Die nachnebentonigen Vokale.

§ 267. In **interkonsonantischer Stellung** bleiben
die nachnebentonigen Vokale im allgemeinen unverändert, z. B.
bachẹler, amẹra, pavillon, eriçon. — *ai-ei* wird *ẹ* (geschr. *ai*):
orẹson, venẹson, ẹi wird *ọi — oẹ*: *damoiselle.* Vgl. § 83 f. Wegen
oroison, venoison s. § 83 Anm.

Anm. Unterdrückung eines nachnebentonigen *ẹ* findet sich
namentlich, wenn der vorhergehende oder folgende Konsonant *r*
ist, z. B. *serment, corcier, larcin* (vgl. § 84 Anm.), *denree.* Eine
eingehende Untersuchung aller hier einschlägigen Fälle fehlt.
Merreile, das bereits im Alexius- und im Rolandslied begegnet,
läfst für die Lautfolge *-rẹv'L* den Schwund des *ẹ* schon in der
ersten Periode des Altfranzösischen ansetzen, wenn es nicht, wie
angenommen wird, auf älteres, nach Analogie gebildetes *mẹribẹlia*
st. *mẹrabẹlia* zurückgeht.

§ 268. Im **Hiat zum Haupttonvokal** beginnt *ẹ* in
der Schriftsprache etwa seit dem 14. Jahrhundert zu verstummen, z. B. *marcheant* (**mercatante) — marchant, -e iz
(-aticu) —is: leve iz — levis, -e oir (-atoriu) — -oir: mireoir —
miroir, -e üre (-atura) — -üre: arme üre — armüre, -e ọur, -e eur
(-atore) — -eur: empere ọur empere eur — empereur, beneˈoit
(benedictum; vgl. § 84 Anm.) — benoit, male oit (vgl. ib.) —
maloit.* Vgl. § 272, 2.

2) Altfranzösisch silbige *i, u (ou), ü,* die in gleicher
Stellung vorwiegend in gelehrten Wörtern und in Ableitungen
begegnen, zeigen gegen Ausgang der altfranzösischen Zeit die
Tendenz, unter Aufgabe ihres Silbenwertes mit dem Tonvokal
diphthongische Verbindungen einzugehen, sind aber im allgemeinen unverändert geblieben, z. B. *mendi er, ubli er, chari ot,
pati ent, gloriˈeus, füri eus, chresti en, gardi en, passiˈon, questiˈon;
alou ette, manü el, vertü eus.*

Anm. Wegen der Endungen der 1. und 2. Plur. des Imperf. Ind. und Conditionalis -*ions*, -*iez* s. die Formenlehre.

§ 269. Im Hiat zu vorhergehendem nachnebentonigen Vokal beginnt ę etwa seit dem 14. Jahrhundert seinen Silbenwert einzubüßen oder auch völlig zu verstummen, zunächst vorwiegend nach einfachem Vokal, in geringerem Umfange hinter Diphthongen, z. B. *crięrie* und *cririe* st. *crĭerie*, *prięra* und *prira* st. *prĭera*, *hardięment* und *hardiment* st. *hardiement*, *emploięrai* und *emploirai* st. *emploięrai*. Vgl. die ähnlichen Schicksale des nachtonigen ę im Hiat zum Tonvokal § 266.

b) Die Vortonvokale im Wortanlaut.

§ 270. In der ersten Wortsilbe besaß das Französische um 1100 die unbetonten einfachen oralen Vokale *i e ę a ǫ o u ü*, die oralen Diphthonge *ęi ęi oi ǫi üi*, die nasalen Vokale und Diphthonge *ĩ ẽ ã ǫ̃ ã̃ ẽi ãi õi*. Vgl. § 85—106.

§ 271. Vor Konsonant haben die einfachen oralen Vokale im allgemeinen durchgreifende qualitative Veränderungen nicht erfahren. Von den oralen Diphthongen wird *ęi* (aus *ai*) zu *ę* (geschr. *ai*) monophthongiert, *ęi oi ǫi* vereinigen sich in dem Laut *ǫe* (geschr. *oi*), z. B. *maison* (*męzōn*), *raison*, *traitier*, *laissier; loisir* (*lǫezír*), *poison*, *noisir*, *choisir*. Nach Vokalisierung von *l* vor Konsonant entstehen eine Reihe neuer Diphthonge mit *u* als zweitem Element, die mit ihren haupttonigen Entsprechungen annähernd gleichmäßig sich weiter entwickelt haben. Auch von den Schicksalen der vortonigen nasalen Vokale und Diphthonge gilt das zu den entsprechenden haupttonigen Lauten (s. § 250 ff.) Bemerkte.

§ 272. Im Hiat mit folgendem Vokal sind
1) *i, ü, u* (*ou*) oder ein Diphthong, desgleichen *o*, wenn es vor hellem Vokal (*e, i*) steht, silbig geblieben: *fi er* (*fidare*), *cri er, vi ande, ri ant, fi acre, vi olet, fü ir, tü er, mü et, sü er, rü ine, Hü on, vu er* (*vouer*), *loe ier* (*loyer*), *noe ier* (*noyer*), *pü ier* (*payer*), *po ete, po este*. Beispiele von Verschleifung mit dem folgenden Vokal zu Diphthongen begegnen in altfranzösischer Zeit (z. B. *diable* neben *di able*), doch zumeist nicht vor dem 15. Jahrhundert.

2) *ę* hat etwa bis zum 14. Jahrhundert seinen Silbenwert behauptet. Dann beginnt es zu verstummen. Vgl. wegen der gleichen Schicksale des nachnebentonigen *ę* im Hiat zum Tonvokal § 268. Beispiele: e|*age* (*ętaticu*; mit Assimilation des *ę* an *a* auch *a*|*age*) — *age*, *me*|*aille* *ma*|*aille* (*metallia*) — *maille*, *Jehan* — *Jan*, *che* (*ancc*) (*cadentia*) — *chance*, *me'esme* (*metępsimu*) — *meme*, *ve*|*is* (*vidisti*) — *vis*, *ve imes* — *vimes*, *ro onde* *re onde* (*rotonda*) — *ronde*, *che oir* (*cadere*) — *choir*, *seoir* (*sedere*) — *soir*, *veoir* (*vędere*) — *voir*, *meür* (*maturu*) — *mür*, *seür* (*securu*) — *sür*.

3) *a* verschmilzt zu Beginn des 15. Jahrhunderts mit folgendem *i* zum Diphthongen *ai*, der zu *ę* (geschr. *ai*) monophthongiert wird. Beispiele: *traitre* (wohl halbgelehrte Bildung aus *traditor*) — *traitre* — *traitre*, *ga ine* — *gaine*, *ha ine* (zu *haïr*) — *haine*, *fa ine* (*fag-ina*) — *faine*, *sa in* (*sagime*) — *sain*, *tra iner* (**traginare*) und das zugehörige Substantiv *tra in* — *train*.

aó begegnet seit dem 14. Jahrhundert zu *ä* kontrahiert, woneben *ö* (früher *oó*) sich findet. Beispiele: *pa on* (*pavonc*) — *pän* (geschr. *paon*), *ta on* (s. § 12, 3 b) — *tän* (geschr. *taon*), *fe on fa on* (*fetone*) — *fün* (geschr. *faon*), *La on* (*Ladunu; Landunum*) — *Län* (geschr. *Laon*).

Vor anderen Vokalen als *i* und *ö* hat *a* das Schicksal von vortonigem *ę* in den unter 2) behandelten Wörtern, d. h. es büfst seinen Silbenwert ein und geht in dem folgenden Vokal auf. Beispiele: *sa*|*oul* (*ou = u; satollu*) — *soul*, *a oust* (*agostu*, vgl. § 19 Anm.) — *oust*, *Sa one* (*Sacona*) — *Sone*. *ga aignier* (s. § 31, 9) — *gaignier*.

Anm. Abweichungen von den vorstehend formulierten Regeln erklären sich z. T. als Analogiebildungen. So haben in *ha'ir*, *ha issons*, *trahir*, *trahissons* etc. die übrigen zu derselben Klasse gehörigen Verben wie *finir* die Tilgung des Hiats verhindert, ist in *pre'au* u. a. unter dem Einfluß des Simplex vortoniges *ę* erhalten geblieben, sind die vom Perfektstamm gebildeten endungsbetonten Formen primärer Verben (*rece ü*, *ve imes*) an die zugehörigen stammbetonten Formen (*reçüt*, *vit* etc.) in einzelnen Fällen frühzeitig angeglichen worden. — Aus dem unvolkstümlichen Charakter der betreffenden Wörter erklärt sich die Erhaltung des *e* in *se ance*, *cre ateur*, *fe al* u. a. — In nfrz. *fle au*, wofür in der Schriftsprache im 16. Jahrhundert der Regel entsprechendes einsilbiges *flau* be-

gegnet, hat die Schreibtradition auf die spätere Aussprache
eingewirkt. Ob in ähnlicher Weise der Übergang von afrz. *e ü*
zu nfrz. *ö* statt *ü* in *feu* (**fuUtu*) und *bon(mal)heur* (*agurju*) zu
erklären ist, bleibt festzustellen.

Im Anglonormannischen begegnet Tilgung des Hiats
durch Kontraktion bzw. Ausfall vortoniger Vokale bereits im
12. Jahrhundert. Vgl. § 266 Anm. Unter den kontinentalen
Mundarten sind in Bezug auf die Unterdrückung von vortonigem
e vor Vokal das Pikardisch-Wallonische und das
Lothringisch-Burgundische dem Französischen vorausgeeilt.

II. Konsonantismus.

§ 273. Um das Jahr 1100 besafs das Französische die
folgenden Konsonanten:

	Orale					Nasale
	Verschlufslaute		Spiranten		Liquide	
	stimm-lose	stimm-hafte	stimm-lose	stimm-hafte		
Labiale . .	p	b	f	v, w		m
Dentale	t	d	s (þ) š	z (ð) ž	l, r	n
Palatale und Velare	k	g		y	l ł	ń ŋ

Dazu der Hauchlaut *h* und die Halbvokale *i̯, u̯, ü̯*. Vgl.
§ 107. *š* und *ž* begegnen ausschliefslich in den Verbindungen
tš, dž.

Unter den in der zweiten Periode des Altfranzösischen auf
dem Gebiet des Konsonantismus eingetretenen Veränderungen
sind die folgenden die wichtigsten:

1. Die einfachen Konsonanten.

a) In intervokaler Stellung.

§ 274. Die vulgärlateinischen intervokalen dentalen
Verschlufslaute, welche gegen Ausgang des 11. Jahrhunderts, nachdem sie vorher wahrscheinlich zur interdentalen
Spirans *ð* geworden waren, zu verstummen anfingen, sind in
der ersten Hälfte des 12. Jahrhunderts vollständig geschwunden,
z. B. *amee* (*amata*), *vie* (*vita*), *veeir* (*redere*). Dies beweisen
die Reime *vie: signifie* Comp. 405 etc., *partie: Marie* ib. 869,
mue: mangue Best. und die Schreibungen der Hss. — Vgl.
§ 119, 1.

8*

b) Im Wortauslaut.

§ 275. Die vulgärlateinischen isolierten dentalen Verschlufslaute im primären oder sekundären französischen Wortauslaut sind, nachdem sie vorher wahrscheinlich *þ ð* ergeben hatten, etwa gleichzeitig mit den intervokalen dentalen Verschlufslauten (s. § 274) geschwunden, z. B. *apele* (*appellatu*), *ne* (*natu*); *aime* (*amat*), *perde* (*perdat*). Vgl. § 119, 2 und § 127.

Anm. Im Pikardischen und Wallonischen hat sich der isolierte auslautende Dental länger erhalten.

§ 276. Nachkonsonantisches (sogenanntes festes) *t* bleibt auch nach Schwinden des vorhergehenden Konsonanten etwa bis ins 13. Jahrhundert intakt. Dann beginnt es vor konsonantischem Anlaut zu verstummen. Beispiele: *doit* (*debet*), *haut* (früher *alt*, vlt. *altu*), *dit* (früher *dist*, vlt. *diksit*), *plet* (früher *plaist*, vlt. *plaket*). Vgl. § 125, 3 und 127, 2.

§ 277. Auslautendes *n̄* beginnt in der Schriftsprache nach Ausweis der Reime um die Mitte des 13. Jahrhunderts in *n* überzugehen, z. B. *estain* (früher *estaiń*, vlt. *estagnu*), *plantain* (früher *plantaiń*, vlt. *plantayine*), *coin* (früher *coiń*, vlt. *coniu*). Vgl. § 164 a und § 207.

In der weiteren Entwickelung ist *-n*, gleichviel, ob es auf älteres *n̄* zurückgeht oder ursprünglich ist, vor konsonantischem Anlaut des folgenden Wortes allmählich verklungen. Vgl. § 250.

Anm. Aus nichtfranzischen Autoren lassen sich Belege für den Übergang von *n̄* in *n* aus früherer Zeit beibringen, z. B. *plein*: *desdeign* Brandan 235, *estain*: *araim* (*acrame*) M. Brut 16. — Durch Formenaustausch (Angleichung von *-n̄-* an *-n*) oder dialektische Sonderentwickelung erklärt sich *n*, wo es im Altfrz. für inlautendes *n̄* erscheint, z. B. *enseigne*: *Seine* Rutebuef (Nav. 1), *Saine*: *saine* (*segnat*) ib. Moustier 85, *Sargines*: *signes*: *echines*: *poitrines* ib. Const. 169. Vgl. § 164 Anm.

§ 278. Wie *n* und nachkonsonantisches *t*, so sind vor konsonantischem Anlaut des folgenden Wortes im Laufe der altfranzösischen oder zu Beginn der neufranzösischen Zeit die übrigen Konsonanten im unmittelbaren Wortauslaut geschwunden, worin im wesentlichen eine Wiederholung der-

selben sprachlichen Vorgänge zu sehen ist, die in einer früheren
Zeit zur Beseitigung des ersten von zwei aufeinander folgenden
Konsonanten im Wortinnern geführt haben. Abschliefsende
Untersuchungen über die Zeit der Verstummung auslautender
Konsonanten fehlen.

2. Konsonantenverbindungen.

§ 279. Die Gruppe *dr* (vlt. *tr, dr, t'r, d'r*) ist zu Beginn
des 12. Jahrhunderts allgemein zu *rr — r* geworden, z. B.
pere (patre), creire (credere), chantere (cantator), pierre (petra).
S. § 121.

§ 280. In den Verbindungen *ts, dz, tš, dž* beginnen die
dentalen Verschlufslaute im Französischen um die Mitte des
13. Jahrhunderts den folgenden Spiranten sich zu assimilieren.

1) *ts* (geschr. im Auslaut *z*, im An- und Inlaut meist *c*)
geht zurück auf:

a) Vlt. *t, d + s*, z. B. *piez (pedes), nez (natus), oz (ostis),
granz (grandis)*. S. §§ 124, 126.

b) *tį* nach Kons. (aufser *s*) und in gelehrten Wörtern
auch *tį* nach Vokal, z. B. *Marz (Martiu), chacier (captiare);
grace (gratia), letice (laetitia), devotion (devotionem)*. S.
§§ 197, 199.

c) *kį* (aufser in der Verbindung *skį*), z. B. *place (plakia;
cl. placeam), face (fakia), laz (lakiu; cl. laqueum), chaucier
(calkiare), France (Frankia)*. S. §§ 202, 203.

d) *t* als konsonantischer Übergangslaut nach *nn, ń, l, + s*,
z. B. *anz (annus), poinz (pognus), compainz (compaiń + s), genolz
(genoclos)*. S. pag. 58.

e) *k²* unter den §§ 136—140 angegebenen Bedingungen,
z. B. *cent (kentu), cerf (cervu), cire (kera): noiz (noke), icel
ekkęlłu), fauz (falke)*.

Die Vereinfachung der Gruppe *ts* zu *s* in der zweiten
Hälfte des 13. Jahrhunderts zeigen Schreibungen mit *s* und
gelegentliche Reime bei Rutebuef und anderen Dichtern dieser
Zeit, wie *deslas: prelaz: solaz: laz, chaus (caldos): senechaus*
(germ. *senescalc*), *mors (mortos): cors (corpus), esperance:
pense*. Auch anlautendes *ts* ist, wie gelegentliche Schreibungen
der Hss. beweisen, etwa gleichzeitig zu *s* geworden.

Anm. In der pikardischen Mundart erscheint für
t + s im Auslaut bereits im 12. Jahrhundert *s.*

2) *dz* (geschr. *z*) geht zurück auf *-d'k²*, z. B. *treze* (*tredeke*),
onze (*ondeke*). S. § 140.

3) Die vulgärlateinischen Quellen für *tš* (geschr. *ch*) sind:
a) *k¹* im Wortanlaut und im Silbenanlaut nach Konso-
nant, z. B. *chanter* (*cantare*), *chier* (*caru*), *chien* (*cane*), *chose*
(*causa*); *pesche* (*pęscat*), *vache* (*vacca*); auch wenn der Palatal
bei früher Synkope eines trennenden Vokals hinter Konsonant
erst in französischer Zeit getreten ist: *perche* (*pertica*), *manche*
(*manica*). S. §§ 142, 145, 146.

b) Velares *k* in der Lautfolge ᵁ Kons. *icu* unter der
§ 151, 2 angegebenen Bedingung, z. B. *porche* (*porticu*).

c) *pi*, z. B. *sache* (*sapia*), *approchier* (*appropiare*). S.
§ 196.

4) Die vulgärlateinischen Quellen für *dž* (geschr. *g, j*)
sind:
a) *y* im Wortanlaut und im Silbenanlaut nach *r*, z. B.
gent (*gente*), *giel* (*gelu*), *juene* (*yprene*), *argent* (*aryente*), *vergier*
(*veriyariu*). S. §§ 154, 157, 155 Anm., 156 Anm.

b) Velares *k* in der Lautfolge ᵁ Kons. *icu* unter der
§ 152, 2 angegebenen Bedingung, z. B. *miege* (*medicu*), *selvage*
(*silvaticu*).

c) *g¹* im Wortanlaut und im Silbenanlaut nach Konso-
nant, z. B. *jal* (*gallu*), *joie* (*gaudia*), *jardin* (germ. *gard-in*),
longe (*longa*), *herberge* (*heriberga*), *Anjou* (*Andegavu*). S.
§§ 141, 144.

d) *k¹*, wenn es im Anlaut der Tonsilbe bei später Synkope eines vorhergehenden Vokals zu *g¹* geworden war, bevor
es mit einem die vorhergehende Silbe anlautenden stimmhaften
Konsonanten zusammentraf, z. B. *jügier* (*judicare*), *vengier*
(*vindicare*). S. § 146, 2.

e) *bi, vi*, z. B. *tige* (*tibia*), *rage* (*rabia*), *legier* (*leviariu*),
sauge (*salvia*). S. § 195.

§ 281. *s* vor stimmlosen Muten ist etwa im 13. Jahrhundert in der Schriftsprache allgemein verstummt, nachdem
es in der Verbindung *sts* schon lange vorher geschwunden
war. S. §§ 131, 133.

Anm. Dafs s vor stimmlosen Muten später verstummte, als
vor stimmhaften Konsonanten, zeigt u. a. die Behandlung der
französischen Lehnwörter im Englischen, indem hier in Wörtern
wie *haste, coast, rest* das s bis heute erhalten blieb, während es
sich in *isle, vallet, dine, blame* nicht findet. Es scheint, dafs an
Stelle von s vor stimmlosen Muten zunächst der gutturale Hauchlaut *h* (Spiritus asper) trat, wie dies die Angaben der Ortho-
graphia gallica, ferner mhd. Reime, wie *forcht: slcht* (Parz. 601, 10)
und mhd. Schreibungen wie *tschahtel* (afrz. *chastel*) vermuten lassen.
Möglicherweise ist dies aber auch ein dialektischer Übergang,
wie der gelegentliche Ersatz des s vor *l, n* durch *d* (Zwischen-
stufe *ð*) dem Anglonormannischen eigentümlich zu sein scheint,
z. B. *medler* (*mesler*), ne. *meddle*. Im Bestiaire des Philipp de
Thaun (verf. c. 1130) begegnet bereits der Reim *mel* (geschr.
mest, vlt. *mettit*): *est* 428, wonach s vor *t* im Anglonormannischen bereits im zweiten Viertel des 12. Jahrhunderts stumm
war. — Im Wallonischen lautet s vor Muten noch heute. In
gelehrten Wörtern wie *esprit, jüstice* ist auch in der Schriftsprache s vor Konsonant geblieben.

§ 282. *l* vor Konsonant hat sich, nachdem es wahrscheinlich vorher velare (statt der früheren alveolaren) angenommen hatte, zu *u* entwickelt. Die Vokalisierung scheint
in den verschiedenen nordfranzösischen Mundarten zu verschiedener Zeit, im Franzischen, aufser etwa nach *a* (s. § 178),
im wesentlichen erst im 12. Jahrhundert erfolgt zu sein.

Wie ursprüngliches *l*, so wurde auch das aus *l* vor
Konsonant unter Verlust der Mouillierung neugebildete *l* (s.
§ 163 b, § 204 b) behandelt.

Mit dem vorhergehenden Vokal hat sich das aus *l* hervor-
gegangene *u* in verschiedener Weise verbunden, worüber in
den §§ 215, 217, 221, 223, 236, 246, 248 das Nähere nach-
zusehen ist. Hinzuzufügen ist, dafs *u* sich vorhergehendem *ü*
und *ou* assimilierte, und dafs hinter *i* im Franzischen keine
Vokalisierung des *l*, sondern Schwund desselben erfolgte.

Beispiele: 1) *il* Kons. = *i* Kons., z. B. *gentils — gentis*;
filz (älter *filz*) — *fiz*.

2) *el* Kons. = *eau* Kons., z. B. *bels — beaus, belte —
beaute.* S. § 217.

3) *el* Kons. = *ieu* Kons., z. B. *pels — pieus.* S. § 215.

4) *il* Kons. = *eu* Kons., z. B. *ils — eus, felicaria* (zu cl.
filix) — *feugiere* (daneben unerklärtes *fogiere, fougiere,* das in

der Schriftsprache heute allein fortlebt), *delicatu — deugie dügie*
(daneben *dougie*); *solelz* (älter *solelz*) — *soleuz.* S. § 215.

5) *al* Kons. = *au* Kons., z. B. *loials — loiaus, falcon —
faucon; travalz* (älter *travalz*) — *travauz.* S. § 236.

6) *ol* Kons. = *ou* Kons., z. B. *fols — fous, cols — cous,
colp — coup.* S. § 221.

7) *ul* Kons. = *ou* Kons., z. B. *mult — mout, esculter —
escouter; genulz* (älter *genulz*) — *genouz.*

8) *ül* Kons. = *ü* Kons., z. B. *nüls — nüs* (reimt mit *plüs*),
pülce — püce.

9) *iel* Kons. = *ieu* Kons., z. B. *ciels — cieus; mielz* (älter
mielz) — *mieuz.* S. § 246.

10) *uel* Kons. = *ueu — eu*, z. B. *vuelt — veut, duelt —
deut; cuelt* (älter *cuelt*) — *queut.* S. § 248 (dazu die Anm.).

11) *oul* Kons. — *ou* Kons.: *souls (solus) — sous.*

Anm. In Mundarten ist *l* auch hinter *i* zu *u* vokalisiert
worden, z. B. pikard. *vius (vils;* vlt. *vilis), fius (filz;* vlt. *filius).* —
Wegen *du* (aus *del, de le), as (a les), des (de les), es (en les)* s. die
Formenlehre, wegen der seit dem 13. Jahrhundert oft begegnenden
Schreibung *-x* (später *-ux*) für auslautendes *us* (z. B. *chevax, chevaux,
miex, mieux)* § 14 (S. 18).

Wegen *n, m* vor Kons. vgl. § 250.

Pierer'sche Hofbuchdruckerei Stephan Geibel & Co. in Altenburg.

www.ingramcontent.com/pod-product-compliance
Lightning Source LLC
Chambersburg PA
CBHW030622270326
41927CB00007B/1276